古代の郡役所と豪族

栗太郡衙岡遺跡発掘35年

栗東市教育委員会
(公財)栗東市スポーツ協会［編］

口絵１　岡遺跡周辺の空中写真（1987年撮影）
手前が地山古墳、左右（南北）に走っているのが名神高速道路

口絵２　現地説明会

口絵３　掘立柱建物の柱跡発掘の様子

口絵４　岡遺跡から出土した須恵器

口絵５　石帯

口絵７　円面硯

口絵６　中空円面硯

口絵８　小槻大社本殿（重要文化財、吉田喜代子撮影）

口絵９　小槻大社の木造男神坐像　落別命（於知別命）像
（重要文化財、栗東歴史民俗博物館提供）

発刊にあたって

公益財団法人栗東市スポーツ協会　会長　宮城安治

栗太郡衙岡遺跡は、今から三五年前に圃場《ほじょう》整備事業にともない発見され大きな話題を呼びました。当時、栗東市教育委員会と、公益財団法人栗東市スポーツ協会の前身である財団法人栗東市文化体育振興事業団が協力して、広大な面積の確認調査を実施しました。貴重な成果があった岡遺跡は、地域の方々のご協力の下で地下に保存され、現在にいたるまで地域の歴史ひいては日本古代史を語るうえで欠かせない遺跡となっています。

今回のシンポジウムは、栗東市教育委員会・公益財団法人栗東市スポーツ協会が主催し、栗東市ボランティア観光ガイド協会のご協力を得て開催し、七一名にご参加いただきました。講師には滋賀大学名誉教授小笠原好彦氏、元安土城考古博物館学芸課長大橋信弥氏、草津市教育委員会岡田雅人氏をお迎えし、古代の役所、そして地域の歴史についてあつく討論していただきました。その成果を、今後の岡遺跡の保存活用を考えるうえでの一つのステップとしていくため、記録集を刊行することになりました。

最後になりましたが、今回のシンポジウムの実施・記録集の刊行にあたりましてご協力いただきました関係者の皆様、地域の皆様に感謝申しあげます。

発刊によせて

栗東市長　竹村　健

日頃は本市の文化財保護にご支援ご協力を賜りまして誠にありがとうございます。

栗東市岡《おか》、目川《めがわ》、下戸山《しもとやま》地先の岡遺跡につきましては、今から三五年前に圃場整備事業に先立つ試掘調査で発掘され、その後一年以上かけ約一〇haが調査されました。古代の郡役所の遺構が大規模に判明した大変貴重な遺跡として、当時全国的にも注目されました。その後、地元の方々のご協力によりまして、遺跡を壊すことなく保護させていただくことができた経緯がございます。そのおかげで、調査から数十年経った今も、その成果が褪《あ》せることなく、全国に知られております。

岡遺跡周辺には小槻《おつき》大社や地山《じやま》古墳など奈良時代の官衙造営の基盤となった古代豪族の足跡も残されており、栗東の貴重な歴史文化資産として発信していければと思います。

このシンポジウムでは岡遺跡について、現在までの研究成果をふまえ議論が行われました。本書の刊行が、この重要な遺跡の価値について、多くの皆様に考えていただく機会になることを祈念いたします。

目次

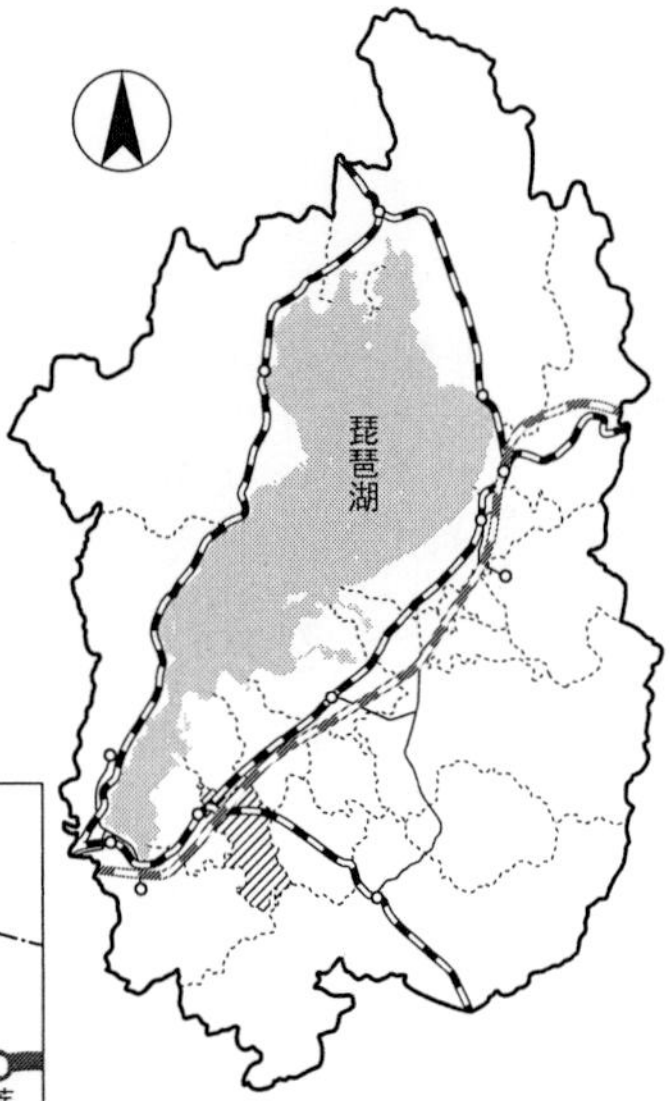

栗東市の位置

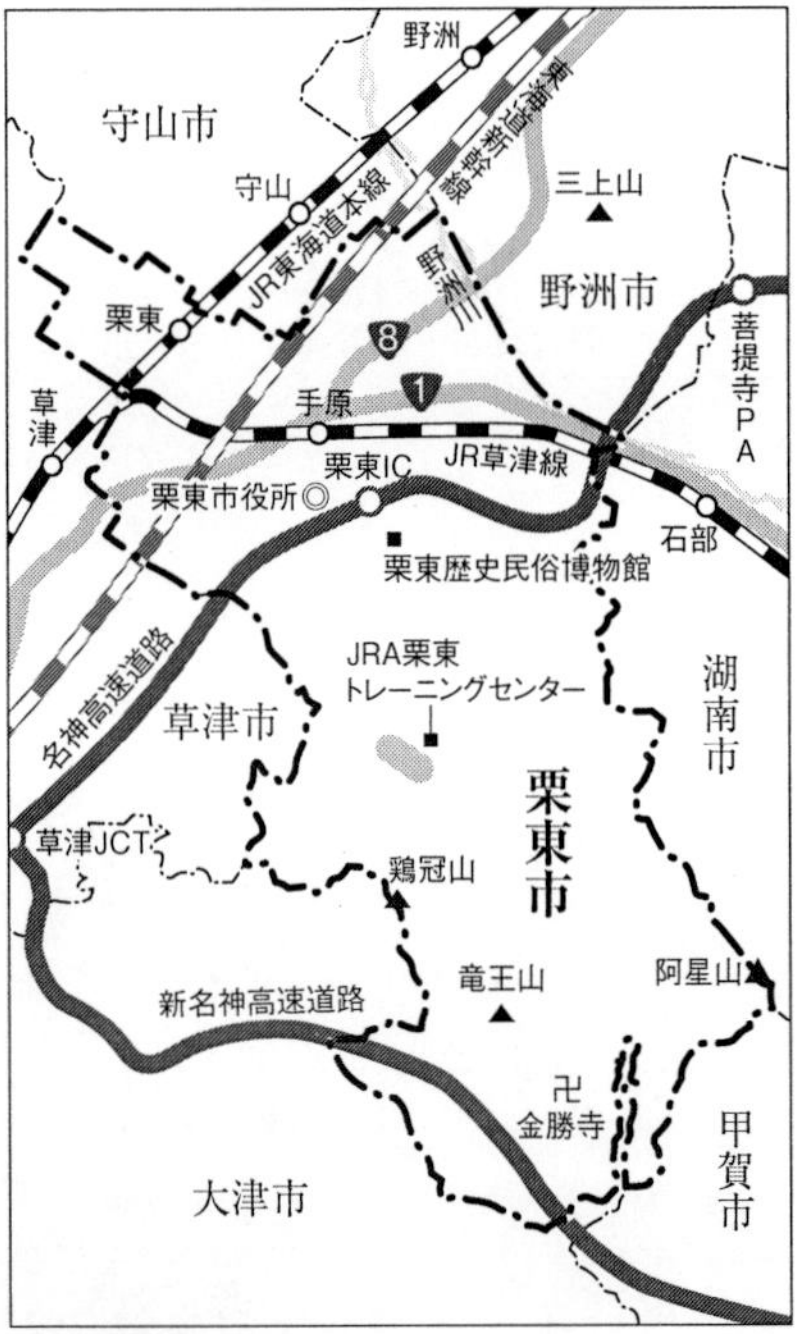

栗東市周辺地図

報告

岡遺跡発掘三五年

栗東市教育委員会　雨森智美

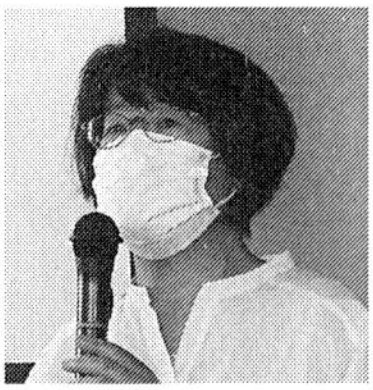

シンポジウム趣旨説明

岡遺跡は、一九八六年から八七年に大々的に発掘調査されまして、話題を呼んだ遺跡です。調査から三五年を経て、各地でいろいろな発掘調査成果があがっているなかでも、広範囲に郡衙の全容が明らかになった遺跡として、全国的にも価値の高いものとして知られているところです。

当時、圃場整備事業が始まる前に、それまで周知されていなかった岡《おか》・目川《めがわ》・下戸山《しもとやま》地区で、奈良時代の役所とみられる遺構が発見され、大規模な発掘調査が行われました。地元でも大変なものが出てきたということで、保存しなくてはいけないという動きになりました。本来でしたら、田んぼなので水路を傾斜をつけて作っていくところ、遺跡を保護するために、砂を非常にたくさん入れさせていただいて盛り上げ、地元の方にはご不便をおかけしながら、ご協力いただいて保護できたという経緯のある遺跡でございます。

発見から三五年経ったという節目の年を迎えましたことで、最近のいろいろな調査成果をふまえて、岡遺跡の価値というものについて、それぞれの先生方からのお話をお聞きいただき、みなさんで考えていただくきっかけとなればと思い、講演とシンポジウムを開催させていただきました。のちの討論のほうで、最近の郡衙の調査と研究の状況をふまえて、迫っていければと思っております。

三五年前の岡遺跡発掘調査

それでは、岡遺跡の三五年前の調査を中心に簡単に解説させていただきます。

岡遺跡は、どんな所に立地しているのでしょうか。**写真1**は、昭和二二年(一九四七)に米軍が撮影した空中写真です。まだ名神高速道路も通っていない状況ですね。金勝《こんぜ》川と、草津川がちょうど合流する所になります。最近、平地化ということで、土手が下げられつつありますが、最近までは天井川に囲まれていました。さらに昭和三三年(一九五八)には、名神高速道路が建設されますので、周囲からはわかりにくい所でした。

写真2が調査中の航空写真です。この時には、名神高速道路ができていますね。この高速道路の西側一帯、約一〇haで試掘及び確認調査をしております。

写真3は、岡遺跡が最初の確認調査で検出されかけてきた時の状況です。先述のように岡遺跡は、従来、いわゆる埋蔵文化財包蔵地としては周知されていなかった場所でした。包蔵地として周知さ

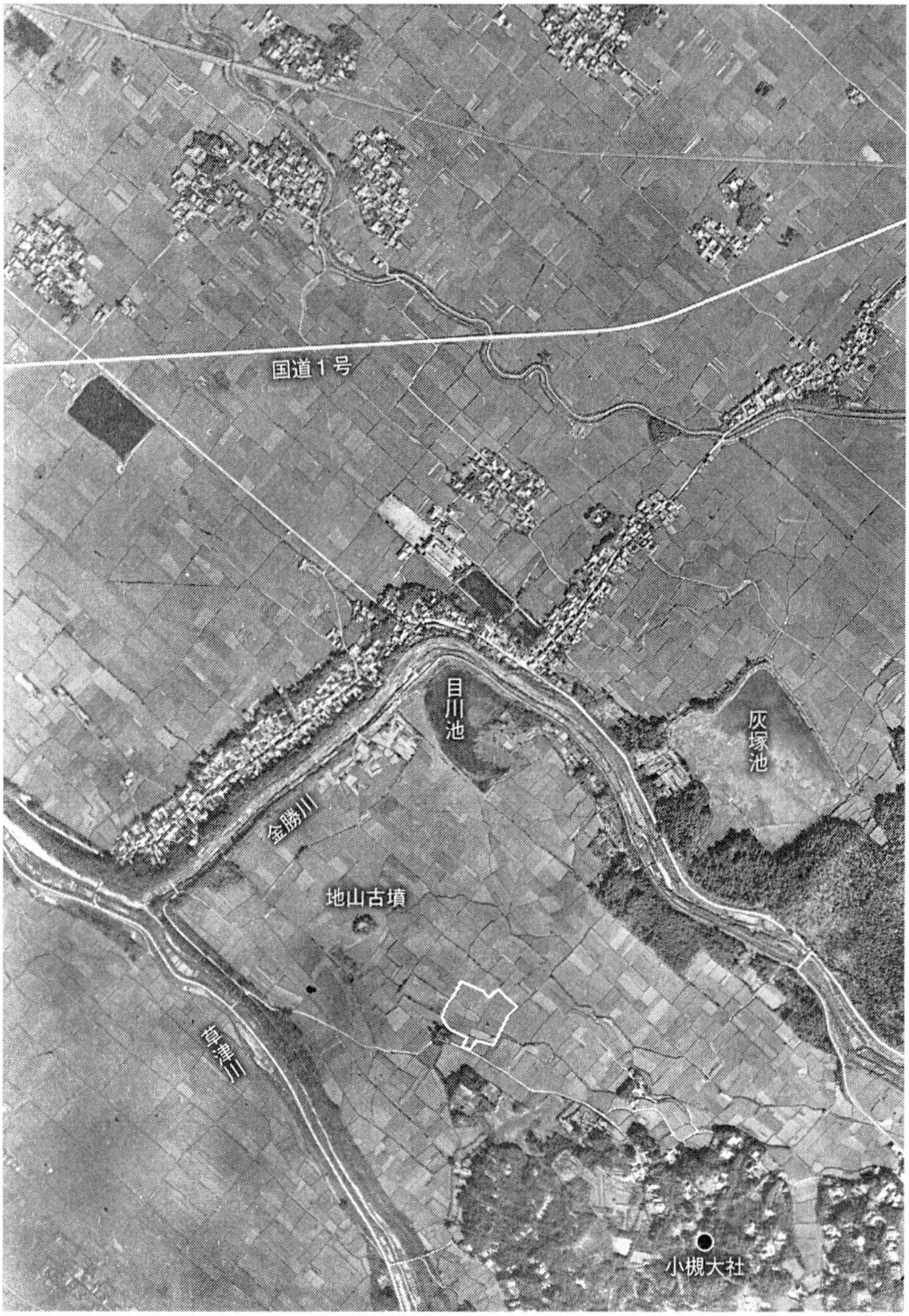

写真1　岡遺跡周辺空中写真
白線部分が1986、87年度調査地（T－O）

写真２　調査中の岡遺跡周辺空中写真（1987年撮影）

写真３　最初の確認調査の状況（1986年撮影）

写真４　岡遺跡全域の空中写真（1987年撮影）

れている場合は、開発があったら届け出ていただいて、遺跡に影響がある場合は調査するということになるのですけれども、岡遺跡の場合は、開発が広範囲にわたるということで、確認のため試掘調査をおこないました。すると、規模の大きな方形の柱の列の跡がずらずらと出てきたのです。これは大変なものが見つかったということで、全面的な調査に切り替わりました。

あとで小笠原先生から、郡衙の構造について詳しく語っていただけると思うのですが、最初に見つかった柱列は、岡遺跡のなかでも、中心区画の東側に位置する長い建物の柱だったのです。

写真４が岡遺跡全域の様子です。広い範囲の調査ですので、一つひとつの遺構は見えにくいです。今の状況を言いますと、名神高速道路の東側に小槻《おつき》大社の御旅所《おたびしょ》があります。調査区は

その北側一帯で、一番広い調査区では約一〇〇m四方の規模で設定されております。

図1を見てください。これが調査地の平面図です。調査地が、まっすぐに掘られた溝によって区画されている状況がわかります。A区は、四〇mを超える長い建物を組み合わせて、漢字の「回」の字のように四角に囲まれており、主に政治をする郡庁と考えられています。区画の真ん中には正《せい》殿《でん》となる庇《ひさし》付きの立派な建物(SB-01)があります。A区の西側の区画がB区で、総柱の建物が整然と並ぶ倉庫群です。B区の南側、御旅所の北側にあたるD区では、塀で囲まれた立派な建物のある区画が発見されています。さらにA区の東側、名神高速道路沿いでも、倉庫群が発見されています。これが八世紀前半から中頃ぐらいまでの状況で遺跡の最盛期です。

それぞれの区画内部を詳細に見ていきましょう。**写真5**はA区で発見された正殿(SB1)の写真ですね。わかりにくいので、柱をつなげる線を引いてみました。庇付の大きな建物です。正殿の周りは桁行《けたゆき》が長い建物である長舎が五棟組み合わさって、「回」のような字で囲まれている形になります。

この「回」の字の南辺には八脚門(SB2)があります。これは非常に格式の高い建物で、郡の役所や国の役所に設けられている門になります。門を検出した状況が**写真6**です。この八脚門は、イメージとしては**写真7**のような感じです。これは三重県の久留倍《くるべ》官衙遺跡(伊勢国朝明郡衙《いせのくにあさけ》)で復元されているものです。立派なものですね。

通常の発掘調査であれば、土を削って観察し、色の違う部分が発見されたら、下に掘り込んで

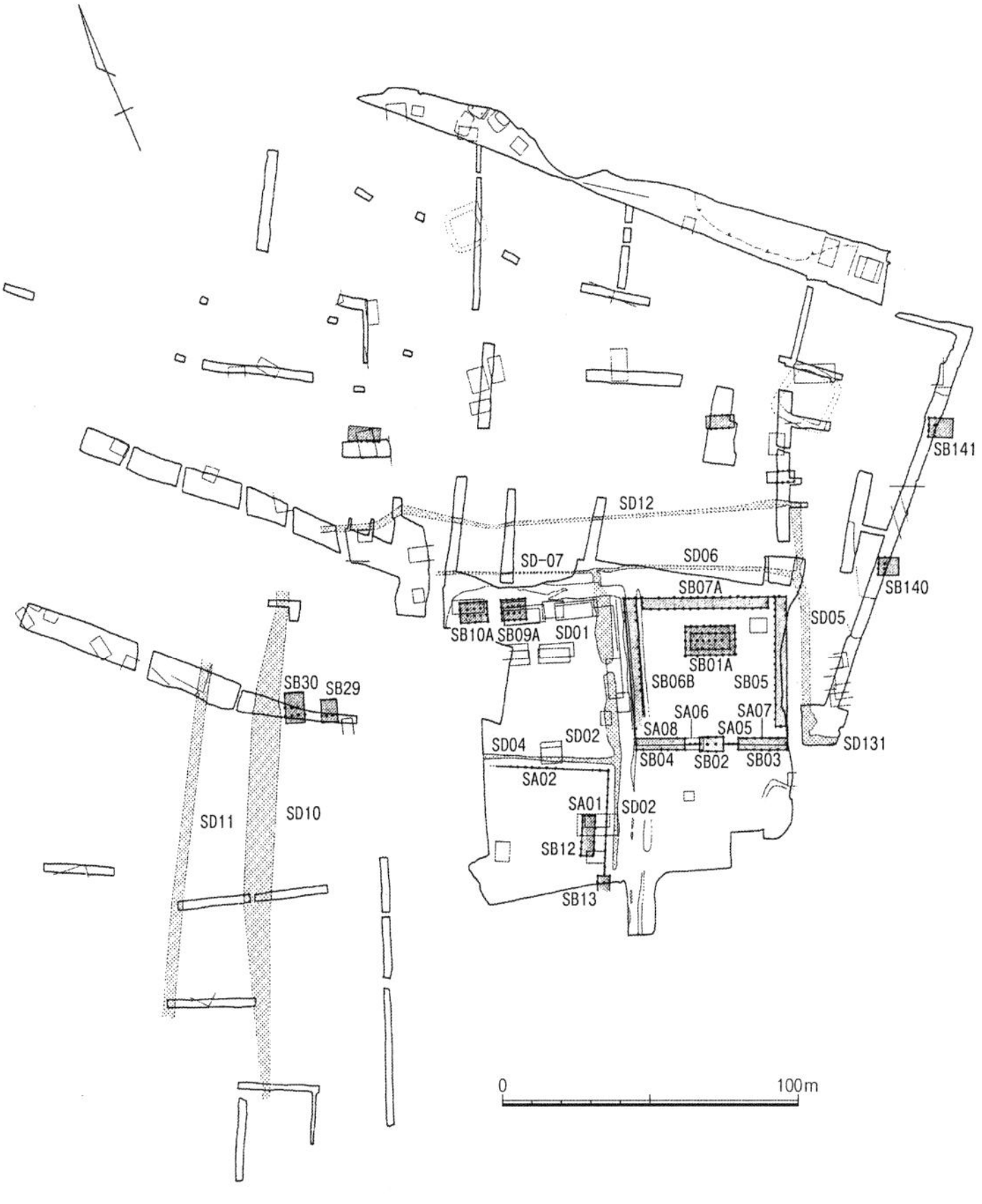
SB141
SD12
SB140
SD-07
SD06
SB07A
SD05
SB10A
SB09A
SD01
SB01A
SB30
SB29
SB06B
SB05
SA06
SA07
SA08
SA05
SD131
SD04
SD02
SB04
SB02
SB03
SA02
SA01
SD02
SD11
SD10
SB12
SB13
0
100m

図1　岡遺跡の全体図

写真５　Ａ区で発見された正殿（ＳＢ１）（1987年撮影）

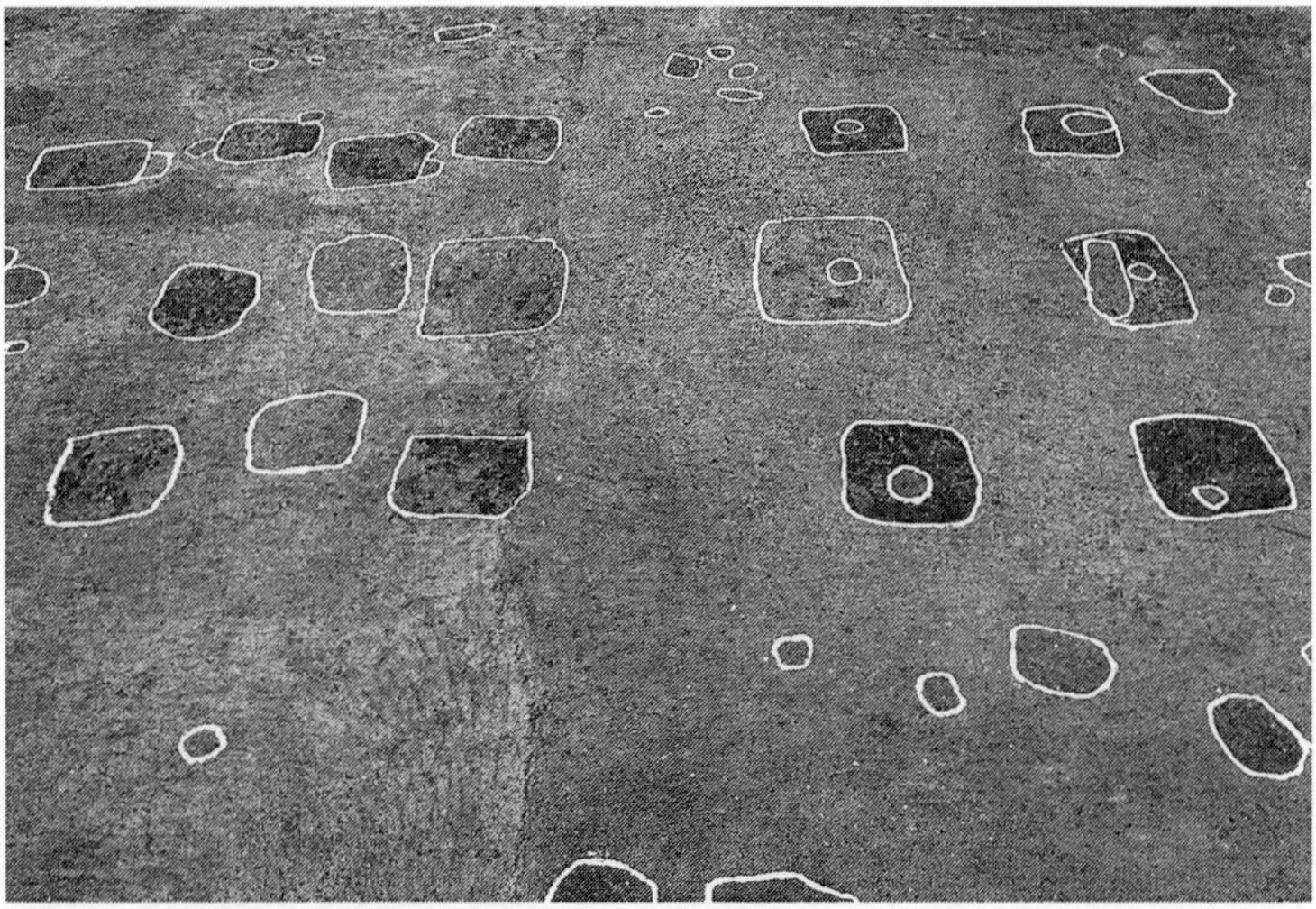

写真６　検出された八脚門（ＳＢ２）（1987年撮影）

写真７　三重県の久留倍官衙遺跡で復元された門

いって、深さや出てくる土器などを確認し、建物の構造や時期などを検討するのですけれども、岡遺跡の場合は保存が目的ということで、中心部分においては、柱穴などの遺構の掘り込みは原則おこなっていないということになります。建物の時期については、柱の穴の色の違いや柱穴の重なり合いによって新旧の判断をし、検出されたときに出土した土器で年代を考えています。

写真８はA区西側の長い建物（SB６）と、さらにそれを区画する溝ですね。色の違いがわかっていただけるでしょうか。こういう観察によって遺跡の様子がわかってきます。ところで、写真右端の部分で遺構が少し掘り込んであるのですが、わかりますでしょうか。凹凸がありますよね。岡遺跡では、郡衙の主要な時期である奈良時代の遺構が埋没した後に、中世、鎌倉時代ごろの建物が建てられています。それではなかなか古代の遺構の様子がわからないということで、中世以降の、郡衙よりも新しい時代のものだけを掘って、その下から検出される古代の溝や柱穴を確認する作業をおこなっています。

写真９は、A区でみられた「回」字状の施設の西側にあるB区の倉庫（SB10）です。規模が大きい建物で、柱の掘り方も非常に大きいということがわかっていただけると思います。柱の掘り方

写真８　Ａ区西側の長い建物（ＳＢ６）

写真９　「回」字状の施設の西側にあるＢ区の倉庫（ＳＢ10）

写真10　出土した柱根

は、柱を埋めるための穴ですので、実際の柱は掘り方の真ん中あたりにあるものです。今回のシンポジウムでは、会場の展示コーナーに、実際に出土した柱根を展示しています（写真10）。これは、一九九〇年度にA区の東側にあたる水路部分の掘削にともなう発掘調査で出土したもので、コウヤマキの非常に大きな柱です。官衙の建物の大きさをイメージしていただければと思います。

写真11は、B区南側の、塀で囲まれた区画（D区）になります。線を引いていますが、右側が塀です。そして左側が、六間×二間の南北棟になります。岡遺跡では複数の区画が見つかっていますが、塀で囲まれているのはこの区画だけなので、何らかの特殊な建物があったのではないかと思われます。いろいろな種類の建物で構成される区画の状況をみてきましたが、中心施設である郡庁、物を蓄える正倉《しょうそう》、それから、塀で囲まれた特殊な区画などを確認することができました。三五年前の岡遺跡発掘調査はそういう調査だったのです。

先程も述べたように、この調査では中心部の遺構を彫り込んでいないので、土器などの遺物は、実はあまり出てきません。ただ、そんな中でも、遺跡を精査しているときにいくつか出土していま

写真11 B区南側の塀で囲まれた区画（D区）

写真12　瓦の出土状況

写真13　調査が終わり、土砂で保護される岡遺跡

す。写真12は、瓦の出土状況です。これは軒丸《のきまる》瓦《がわら》と言って、建物の軒先に飾られているものです。ほかには延喜通宝《えんぎつうほう》などの平安時代の貨幣も出ています。これは、地鎮のために埋められたものかと思われます。また役人の帯飾りである石帯《せきたい》や硯《すずり》など（口絵5〜7）、官衙としての性格を象徴するような遺物も発見されています。

写真13は調査の終わりの状況です。現地説明会をして一旦終了しました。終了の時には、山砂を大量に入れて遺跡を保護しています。

その後の岡遺跡発掘調査

岡遺跡の調査の経歴について、**表1**にまとめました。圃場整備にともなう中心的な部分の調査が一九八六、八七年度に行われ、それから継続して、西側にある地山《じやま》古墳の周辺でも、一九九〇、一九九一年度に調査をしています。

地山古墳周辺では、**写真14**のように奈良時代頃の倉庫群がまとまって発見されていますが、先ほどみてきた中心部分の大きな倉庫群と比べるとずいぶん小さいものでした。また、地山古墳の周りに築かれた小規模な古墳の溝も発見されていますが、4号墳の周溝からは奈良時代の土器がまとまって廃棄されている状況が明らかになりました。**写真15**は土馬《どば》で、土器群といっしょに出土しています。土馬は水の祭りで用いられることが多く、官衙の縁辺で雨乞いなどの祭祀《さいし》が行われていたのかもしれません。

図2は周辺を含めた全体の略図です。延喜式《えんぎしき》に記載された古社である小槻大社から、ずっと連なっていく長い舌状の丘陵があって、その丘陵の先端部に郡の役所が営まれた、というような状況です。その中心部分が調査されて以降、これまでの間に、全然調査がなかったわけではありません。中心部分の東側の丘陵部分においては、小規模な調査を数回おこなっており、建物跡や郡衙の東側を区切るとみられる区画溝らしいものが見つかっています。地山古墳付近でも道路の拡幅にともな

表１　岡遺跡調査の経緯

西暦（和暦）	月日	出　来　事
1986年（昭和61）	10月30日～11月１日	圃場整備事業に先立ち試掘。遺跡の存在を確認、発見届が出される
	11月１日	第１次調査開始
	11月４日	門の確認
	11月11日	倉庫群の確認
	11月12日	正殿の確認
	11月21日	一部の遺構掘削開始
	11月23日	新聞（朝日・京都）、テレビ（NHK・毎日）報道
	11月24日	新聞（読売）報道
	12月12日	シンポジウム「栗太郡衙」（皇子山を守る会主催）
1987年（昭和62）	１月29日	文化財保存全国協議会より保存要望
	２月７日	日本考古学協会埋蔵文化財対策委員会より保存要望
	３月31日	第１次調査終了
	４月１日	第２次調査開始
	10月11日	現地説明会
	10月31日	第２次調査終了
1988～1989年（昭和63～平成元）	11月28日～３月４日	第３次調査。設計変更された水路部分の調査。コウヤマキの柱根出土
1989年（平成元）	７月５日～１月31日	第４次調査（滋賀県教育委員会・㈶滋賀県文化財保護協会）名神高速道路拡幅関係、総柱建物を検出
1990年（平成２）	６月19日～12月28日	第５次調査。地山古墳の周濠確認。２号墳から鶏形埴輪が出土
1991年（平成３）	７月９日～11月28日	第６次調査。地山古墳北東で小規模な倉庫群発見。平安時代の柱穴から皇朝十二銭が出土
2000年（平成12）	４月17日～６月30日	遺跡の東側の溝を調査。土壙などの調査
2001年（平成13）	10月22日～10月31日	飛鳥時代の土壙から須恵器横瓶出土
2003年（平成15）	10月１日～11月21日	遺跡の東側で奈良時代の建物。帯金具出土
2010年（平成22）	10月４日～10月18日	飛鳥時代の掘立柱建物、平安時代の土壙を調査
2013年（平成25）	10月28日～５月16日	郡衙北限の溝か
	８月12日～10月18日	滋賀県教育委員会・㈶滋賀県文化財保護協会調査。第５次調査隣接地で土壙、溝多数検出
2016～2017年（平成28～29）	10月17日～３月24日	平安時代の総柱建物を調査

写真14　奈良時代頃の倉庫群

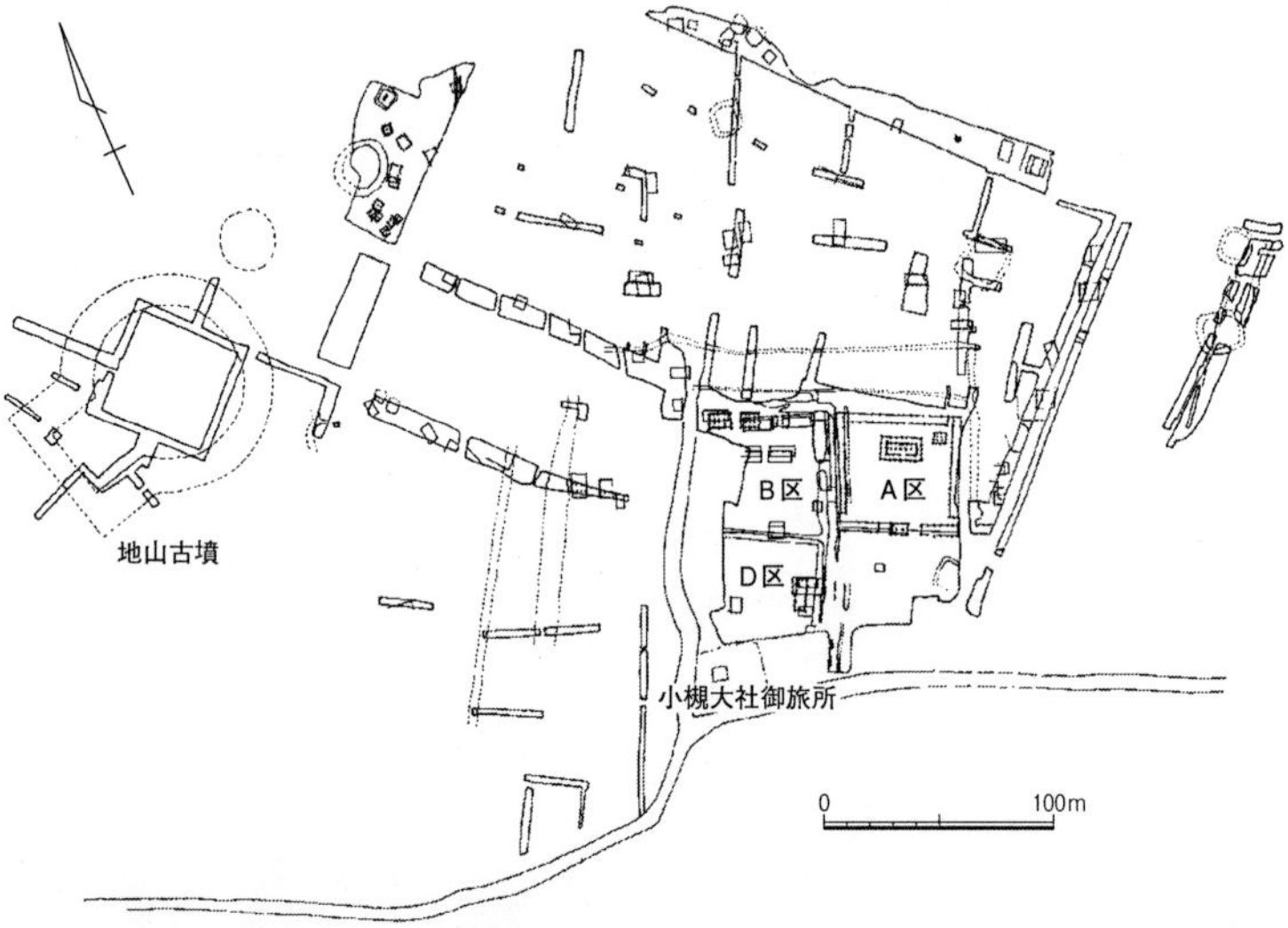

図２　岡遺跡の周辺も含めた全体図

い公益財団法人滋賀県文化財保護協会により発掘調査が実施され、奈良時代から平安時代の掘立柱建物や古墳の一部などが発見されています。

写真15　土馬

岡遺跡を取り巻く遺跡の調査

さらに岡遺跡の周辺では、手原遺跡や隣接する草津市大将軍《だいしょうぐん》遺跡などで奈良時代から平安時代の官衙的な建物が見つかっており、関連する遺跡が広く分布することがわかっています。こちらについては、また、後で説明があると思います。

図3と図4は、明治時代の測量図と現在の地図の上に置いた古代の栗太郡域の主要な遺跡です。野洲《やす》川の旧流路から、瀬田《せた》川までの範囲が栗太郡の範囲になります。三五年前の調査によって、この広い範囲を治めていた役所が、この岡遺跡であることがわかったわけです。

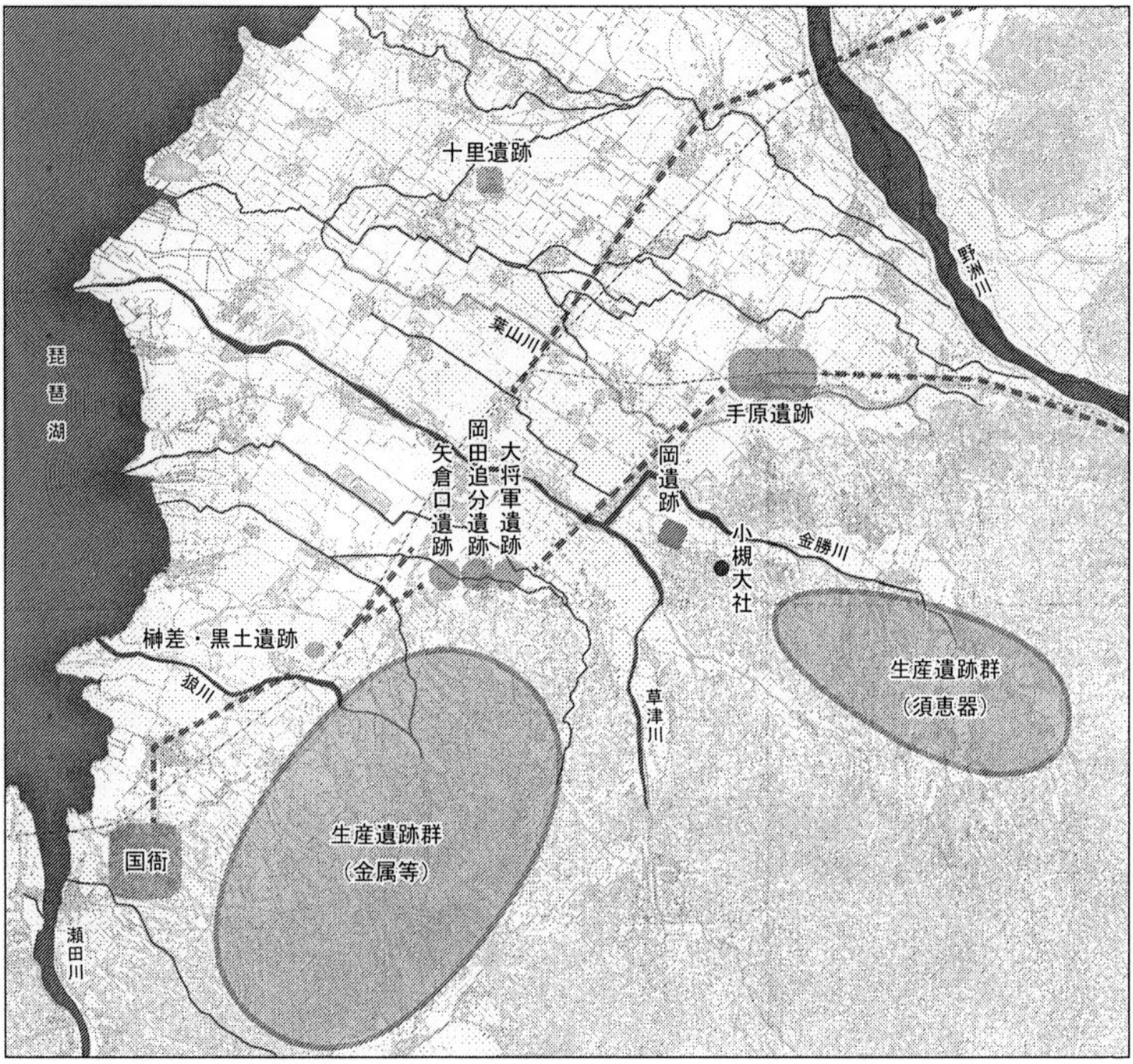

図３　岡遺跡の周辺遺跡地図（1892年測量）

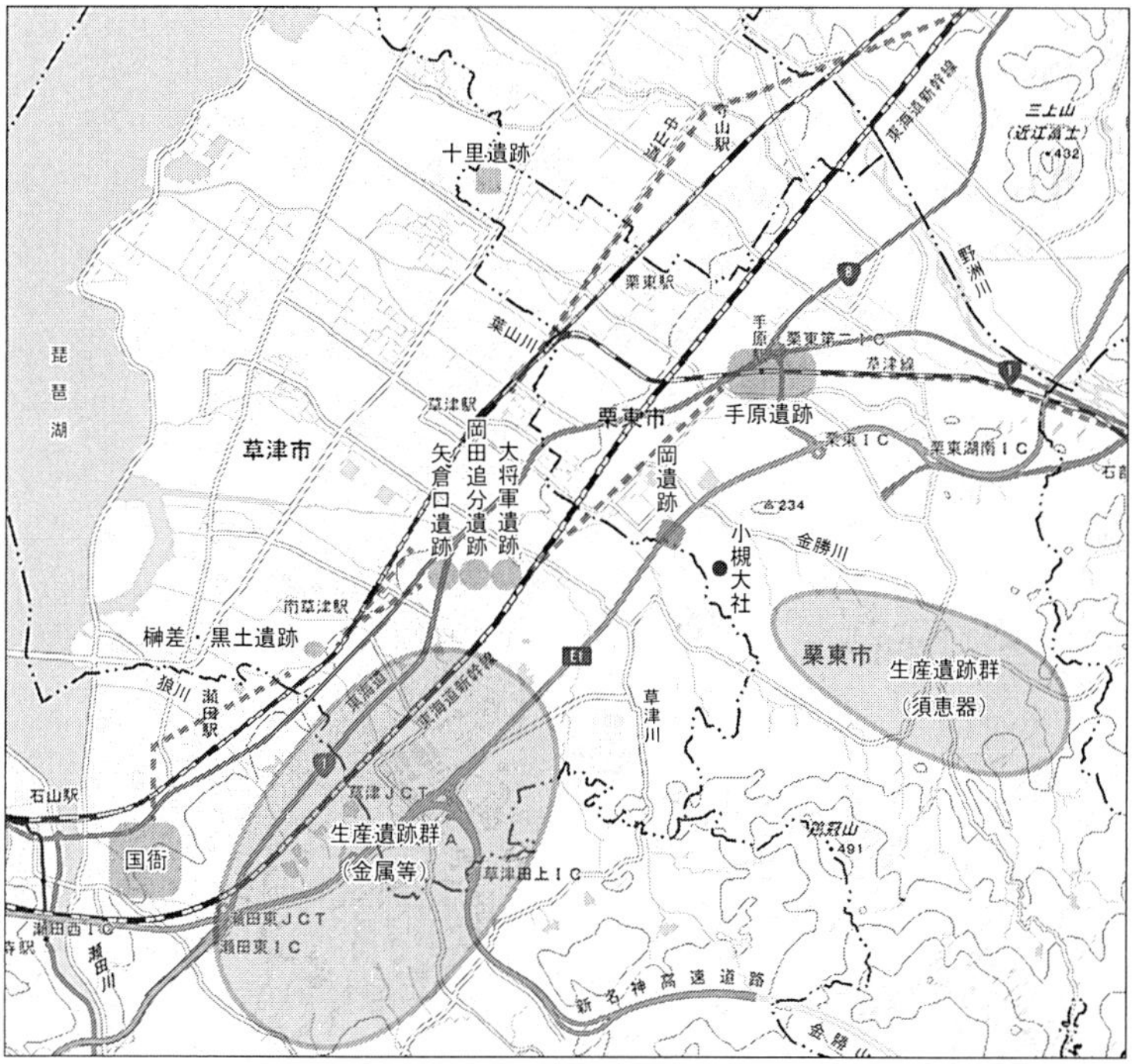

図4　岡遺跡の周辺遺跡地図（現在）

講演1　古代の郡衙遺跡とその性格

滋賀大学名誉教授　小笠原好彦

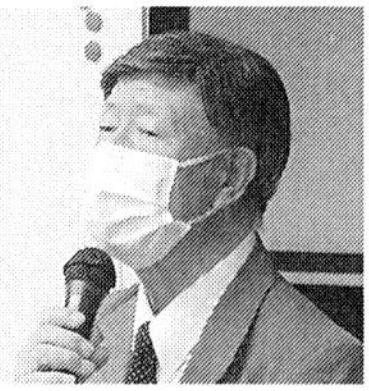

今日の私の話は、雨森智美さんが岡遺跡の郡衙遺跡について説明されましたので、それをふまえてお話しします。古代の国は現在の県に相当します。それを扱う役所は国衙《こくが》といいました。その国のもとに郡があり、近江では一二郡がありました。その郡の政務をするのが郡衙で、ここで郡司《ぐんじ》らが政治、経済、民政を担当していました。ただし、郡衙という呼び方は、衙の文字が難しいので、多くの古代の文献は郡家《ぐうけ》と記しています。この郡衙に、役人の郡司として大領《だいりょう》・少領・主政《しゅせい》・主帳《しゅちょう》の四等官が任じられていました。

郡衙の任務

古代では六歳になると口分田《くぶんでん》を与えられ、二一歳になると男子は租庸調《そようちょう》という税を負担しまし

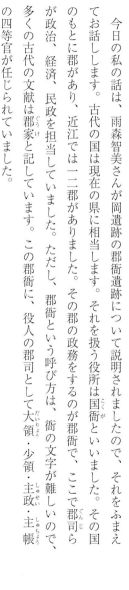

た。その税の徴収を担当したのが古代の郡衙です。

近江の栗太郡《くりもと》の郡域は、現在の瀬田川の東から、草津市域、それに栗東市域にあたる領域を占めていましたので、現在の栗東市域の三倍ほどの広い領域を、栗太郡の郡衙の郡司たちは担当していました。

古代の行政、あるいは民政を扱った当時の役所の郡衙（郡家）で、郡司のもとで政務にあたった人たちは、どういう人たちで、どれくらいの員数の人たちが職務を担っていたのか。それがどこまでわかっているのかなど、少しお話しします。ただし、私は考古学研究者ですので、考古学的な遺跡の資料を重視して述べます。

古代の各郡に設けられた郡衙にとって、最も重要な役割は何かといいますと、律令社会となった奈良時代ですと、一つは中央政府の平城宮に、官人らが国家的な政務をおこなう財政のために、税を徴収するということでした。また、あわせて地域の民政を担うことです。

古代人が負担した税には、租庸調の三種の税がありました。租は与えられた口分田の収穫の三%ほどの米を郡衙に納めました。これらは郡衙の正倉《しょうそう》に収納され、郡の政務に一部は使用され、大半は貯蓄されました。庸は地方から中央に一〇日間労働する力役《りきえき》で、その替わりとして庸布・庸米を納めました。これらは中央政府の平城宮へ運ばれ、中央政府はそれを財源として多くの人たちを雇用し、種々の職務を執行することになります。

もう一つの税が調でした。これは地方から諸物資を貢納させた税です。中国の唐は、調として諸物資は貢納させていないのですが、日本の古代国家は、調として絹織物・布を貢納させ、それの代替として、じつに多くの地方の特産物を貢納させています。その貢納品は、古代史料である『延喜《えんぎ》主計寮式《しゅけいりょうしき》』に記されているように、器物から食料品まで、じつに多様な諸物品が中央官衙に貢進されていました。そして、この調として各地から貢進されたもののうち、塩・海産物、動物・鳥の肉類などの食料品は、中央官衙の平城宮では、しばしば饗宴《きょうえん》（宴会）などで消費されました。

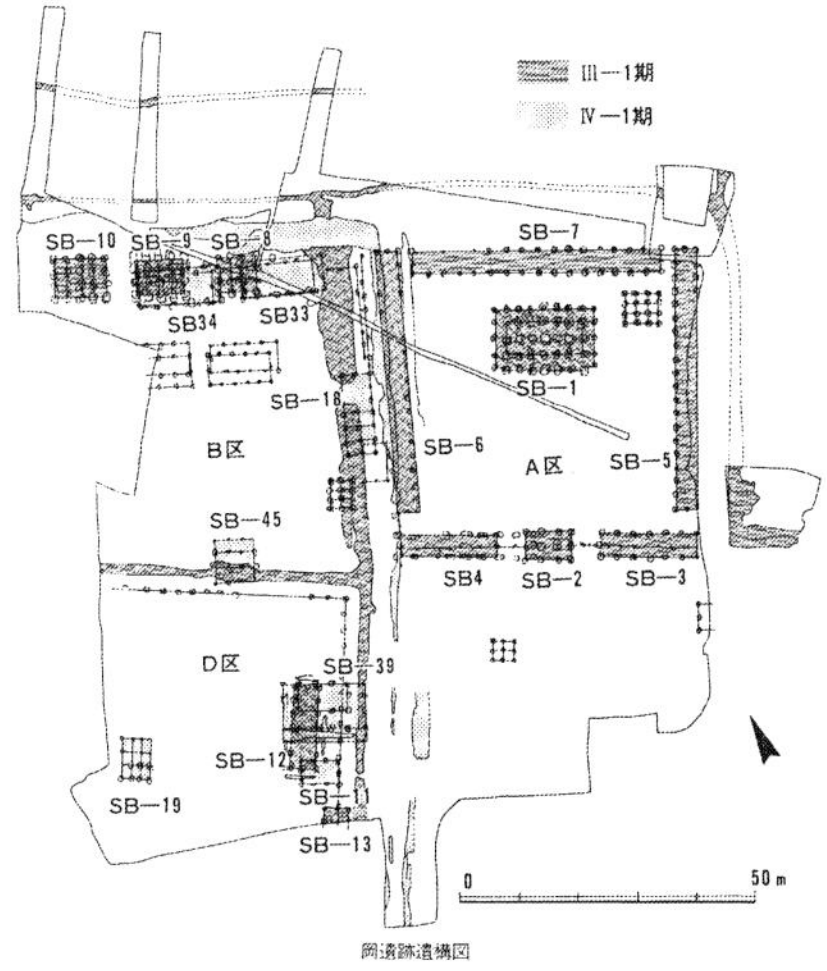

図１　発掘された岡遺跡（栗太郡衙）

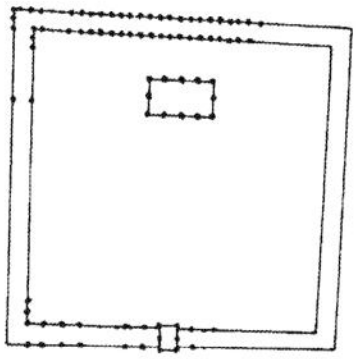
名生館遺跡（陸奥国玉造郡衙）

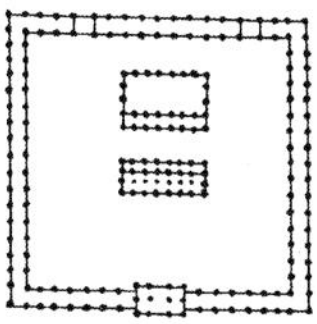
神野向遺跡（常陸国鹿島郡衙）

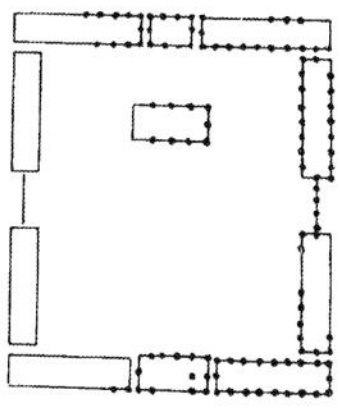
小郡遺跡（筑後国御原郡衙）

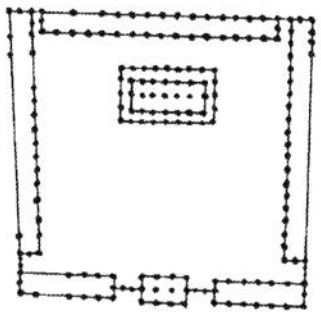
岡遺跡（近江国栗太郡衙）

図２　政庁の例

郡庁の構造と機能

さて、岡遺跡の栗太郡衙は、一九八六年〜八七年（昭和六一〜六二）、岡地域の圃場整備に関連して発掘がおこなわれ、古代の郡衙の遺構が見つかりました（図1・2）。この栗太郡衙は、東側に一辺が五〇mくらいの長大な建物で四周を囲んだ一郭があり、南に門が設けられ、そこから出入りしました。これは、郡庁と考えられており、この郡庁は、主として郡司らがここで政務を担ったとともに、この広い空間で重要な通知や諸儀式をおこなったところと理解されています。

この郡庁でおこなわれた通知や諸儀式としては、奈良時代ですと、中央政府の平城宮から、近江国の国衙にいろいろな通達が送付されます。それらの通達された内容によって、瀬田にあった近江国庁に、各郡の郡司と関係者らが招集され、多くのことが知らされます。そこで、国司による命令や報告を受けた郡司らは、それらを郡衙に持ち帰り、それに関連することの執行、あるいは処置をすることになります。

古代には、当初には郡の下に里《り（さと）》が置かれました。その後は郷《ごう》と呼ばれた行政区画がありました。その郷の人たちを監督したり、農事を指導したり、負担した労働である賦役《ふえき》の催促などに関与する郷長が任命されていました。郡衙に勤務した郡司らは、その郷長らを郡衙の郡庁に招集し、国司から郡司に伝えられた通達の内容を、さらに郷長らに伝えたところが郡庁でした。

例えば、天平八・九年（七三六・七三七）の場合、畿内や周辺地域で天然痘《てんねんとう》の感染が拡大しました。その天然痘への対処方法や、ときには天災に対する対処、また多様な要因による租庸調の課税の納入時期の変更、戸籍・計帳の編纂《へんさん》にかかわること、地方での軍事にかかわる軍団に関連することなど、多くのことが郡司から郷長に伝えられました。また、通知や諸儀式の挙行だけでは、郷長らによる実行に結びつきにくく、意志の疎通をはかることが重視された時代でした。そこで、郡庁の建物、あるいは郡庁の近くの部署で、饗宴が催されたものと推測されます。これには重要な通知をともなう儀式の際には、国司が派遣されることも少なくなかったと思います。

この郡司らが政務を担い、また重要な儀式をおこなった栗太郡衙の郡庁には、さきほど雨森さんが長い建物が配されていたと説明されました。古代の郡衙にどのような施設や建物があったかは、『上野国交替実録帳《こうずけのくにこうたいじつろくちょう》』と呼ぶ国司が交替する際に、任務中にあった施設が欠けると責任をとることになっていたので、施設を書き上げた平安時代の史料があります。

それを見ますと、各郡の施設の記載では、まず正倉、ついで郡庁、館、厨家《くりや》が記されています。最初に正倉が記されているように、郡衙の施設では租を収納した正倉（院）が最も重要な施設であったことがよくわかります。

この『上野国交替実録帳』で、上野国（群馬県）の新田《にった》郡の郡庁の記載（資料1）を見ますと、「東□屋壹宇　西長屋壹宇　南長屋壹宇　□□屋壹宇　公文屋壹宇　厨壹宇」と書かれており、長屋、公文《くもん》屋、厨から構成されています。これらのうち、長屋は「ちょうや」か「ながや」かは、振り仮

資料1

『上野国交代実録帳』

新田郡

正倉

東第二土倉壹宇　中第一土倉壹宇　東第一土倉一宇

北第二土倉壹宇　西第一土倉壹宇　西第二土倉一宇

西□□□倉壹宇　西第四土倉壹宇　西第五土倉一宇

西第六土倉壹宇　東第三土倉壹宇　北第一土倉一宇

北第二土倉壹宇　東第四土倉壹宇　北第五土倉一宇

北（ママ）第五土倉壹宇　北第二土倉壹宇　東第五土倉一宇

東第六土倉壹宇　北第四土倉壹宇　中行第二土倉一宇

中行第三土倉壹宇

郡廳

東□屋壹宇　西長屋壹宇　南長屋壹宇

□□屋壹宇　公文屋壹宇　厨壹宇

一館

宿屋壹□　向屋壹宇　厨屋壹宇　副屋壹宇

名を振っていないのでわかりませんが、「ちょうや」と呼んだと思います。

この「長屋」は、長い建物の形状を表現したものと推測されます。長屋は、東西南北の建物がありますので、四辺に配されています。また、その中心となる建物もあったものと推測され、「公文屋」がその中心殿舎に推測され、正殿の性格をもつ建物に想定されています。

さらに、郡庁には、「厨壹宇」と記しており、料理部門に関連する建物・施設が併存しています。これは、この郡庁で催される饗宴（宴会）に供される料理を調理する施設がともなっていたものと推測されます。

このような『上野国交替実録帳』の

二館　宿屋壹字　南屋壹字　副屋壹字　厨壹字
四館　宿屋壹字　向屋壹字　副屋壹字　厨壹字
厨家　酒屋壹字　納屋壹字　備屋壹字　竈屋壹字

新田郡の郡庁に記された建物構成からすると、岡遺跡で検出された郡庁の遺構も、東、西、北に長屋を配しており、その中央部に正殿を設け、南側は長屋的な二棟の建物と、中央に桁行《けたゆき》三間《けん》、梁行《はりゆき》二間の南門を設けていたと理解されます。

この栗太郡衙の郡庁と建物配置の近い郡衙の郡庁を他に求めますと、常陸国《ひたちのくに》鹿島郡衙（茨城県）の神野向《かのむかい》遺跡があります。回廊《かいろう》風のものに囲まれたなかに、正殿と総柱の前殿の建物があります。この前殿は、床張り建物なので、舞台のようなものが設けられていたのかもしれません。

館と正倉と厨

また、上野国新田郡の記載では、郡庁の左に館を記しています。これは、一館《いちのたち》、二館《にのたち》、四館《しのたち》と記載していますが、本来は三館《さんのたち》もあったと考えらえます。栗太郡衙では、西南の区画に、つまり西の正倉の南の一郭に推測されるものです。

この館は、郡司の宿舎に推測されているもので、その一部は、国司らが郡の巡検の際に宿泊所となり、ときには中央の官人らが訪れた際の宿泊所にも使用されたと推測されています。郡司らは、基本的には郡庁に近い館に住んでいたと思います。しかし、栗太郡の郡司は、『正倉院文書』に采女《うぬめ》として「小槻山君広虫」が記されているように、小槻山氏が郡司を担っていました。郡司の一人の小槻山氏は安養寺山の周辺を本拠とし、岡遺跡の栗太郡衙に近いので、居宅から通っていたと推測されます。郡司は大領、少領、主政、主帳の四等官になっていますので、他の郡司は館を居処にしたものと思います。

それから、郡衙には正倉があります。この正倉（院）に建てられた倉庫群は、『上野国交替実録帳』では、東西南北の方位を記し、それぞれの方向に複数の番号をつけており、多くの倉庫が建てられています。栗太郡衙では、正倉の一部が見つかっているだけです。

さらに、郡衙には厨家があり、郡庁での饗宴、館での食事を担当したものと推測され、酒屋、納屋、備屋、竈屋など記されています。

発掘された郡衙の類例

さて、各地で見つかっている郡衙の遺跡を見ますと、まず福岡県小郡《おごおり》遺跡で郡庁の遺構が検出されています。この小郡遺跡は筑後国《ちくごのくに》御原《みはら》郡衙で、日本で初めて郡衙の政庁が検出された遺跡であり、また多くの掘立柱の正倉群もあわせて検出された遺跡です。

この御原郡衙は、一九六八年（昭和四三）に発掘されたもので、まだ掘立柱建物の調査が十分に進展していなかった段階に発掘されたものです。そのころ福岡県教育委員会が圃場整備に関連してこの遺跡を発掘したところ、掘立柱建物の柱穴が掘り広げると次から次へと検出される状態で、これを解明するのは難しい状態でした。そこで、奈良国立文化財研究所から工楽善通《くらくよしゆき》氏が発掘調査の支援に派遣され、郡衙の郡庁の構造がほぼ解明されました。

この発掘調査では、建物遺構が重複しており、しかも郡庁のみでなく、多くの倉庫もあいついで検出されたことと、発掘調査の期間のこともあり、その後に私も倉庫群の遺構の実測に派遣され、三週間ほど遣《や》り方《かた》測量といって、杭を打ち、貫板《ぬきいた》を取りつけ、水糸を張って実測図の作成に協力しました。この御原郡衙のⅠ期には、郡庁は北で東に大きく偏しており、続くⅡ期の奈良時代になると、正南北方向に郡衙の建物が構築されていました。

また、奈良時代の郡衙の代表的な例の一つに、神奈川県長者原《ちょうじゃはら》遺跡があります（図3）。

図3　神奈川県にある長者原遺跡

この遺跡は東名高速道路の建設に際して横浜市で発掘された武蔵国《むさしのくに》都筑《つづき》郡衙です。遺跡の東北部に郡庁が置かれ、その南に館と厨、西辺部に多くの倉庫が配され、その倉庫群の一部が郡庁の東北部でも見つかっています。この長者原遺跡からみますと、古代の郡衙の施設は集中して配されると、一辺二〇〇～二五〇mほどの敷地を有したことを示しています。栗太郡衙の場合も、同様の規模の広がりをもったことを考える必要があります。

　また、九州で検出されている郡衙遺跡の一つに福岡県大ノ瀬《だいのせ》下大坪《しもおおつぼ》遺跡があります（図4）。

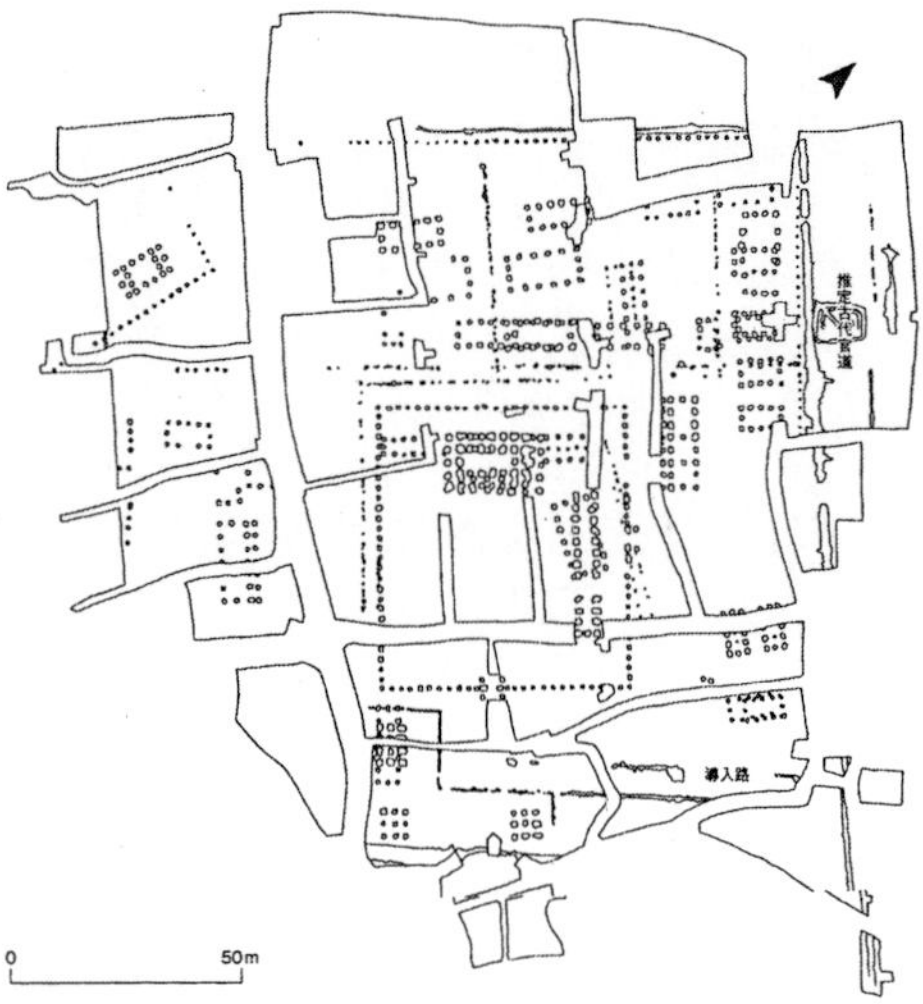

図4　福岡県にある大ノ瀬下大坪遺跡

この遺跡は築上《ちくじょう》郡上毛《こうげ》町で検出された豊前国《ぶぜんのくに》上毛《かむつけ》郡衙です。ここでは中央部に郡庁を配し、その北に小規模な建物群が集中して検出されており、館と推測されます。また、郡庁の南に掘立柱の倉庫がいくつか検出され、ここに正倉が配されています。この郡衙遺跡でも、検出されている建物のほとんどは掘立柱建物から構成されています。

郡衙と掘立柱建物の構築

古代の郡衙の建物は、近江国庁の政庁は基壇と礎石を配した正殿、後殿と脇殿が対称に配されているにもかかわらず、いずれも掘立柱建物が建てられています。栗太郡衙の建物も同様です。郡衙の建物は掘立柱様式で建て、また瓦葺《ぶ》きしていないのは、郡衙遺跡の大きな特徴になっています。地域を問わず、同一の掘立柱建物が建てられているのは、国家による規制のもとに建物群は構築されていたものと推測されます。

古代国家は郡衙の施設に対し、基壇を造り、それに建物を構築し、瓦葺きした方が頻繁に建て替えする必要がないことを知りながら、礎石建ちの建物にしたり、瓦葺きにするのを許可しなかったものと考えられます。なぜ、そうしたのか。七世紀の後半には、東国の各地の有力氏族でも、氏寺を造営し、瓦葺きしていますので、有力氏族を郡司に任用する郡衙の建物に瓦葺きするのは、困難なことではなかったと思います。その要因を解くのは、少なからず難しいのですが、これを私は以下のように考えています。

それは、各地に設けられた郡衙は、在地に居住する複数の有力氏族を郡司の大領・少領・主政・主帳に採用し、郡の政務を運営・経営し、税を徴収し、戸籍・計帳の編成にかかわった古代の役所です。そして、この郡司には国造系の譜第・重大の有力氏族を採用して運営させています。

しかし、大領、少領を担う在地の有力氏族は、特定の有力氏族が歴代、固定的に任用するものではなかったと推測されます。場合によっては、在地の有力氏族の本宗家が衰退し、傍系氏族が台頭《たいとう》すること、あるいは有能な他の有力氏族が台頭することも想定されます。そこで、中央政府から国司が派遣される国衙と異なり、郡衙を置く場所は、広い郡域のなかで、郡衙を特定の在地のある有力氏族の本拠に永久的に固定して設けるのは難しいと考えられていたのではないかと思います。そして、建前としては、郡の行政を担うのに最も適した場に設けて運用することを国家は考えていたものと推測します。

そこで、そのように一つの場所に固定しないとすると、郡庁の建物に礎石を使用し、瓦葺きする建物は威厳がありながら、瓦葺き建物は半永久的な建物となることから、瓦葺きを避けさせたものと考えます。『常陸国風土記《ふどき》』には、鹿島郡の郡衙は、初期には鹿島神宮の北にあったけれども、今は南に所在すると記しており、郡衙の所在地が動いたことを記しています。

さて、古代の栗太郡は前述したように、草津市の湖岸部から草津川の上流、金勝川の流域一帯まで広がりを有していました。この栗太郡は、勢多《せた》・木川《きのかわ》・梨原《なしはら》・物部《ものべ》・治田《はた》の五つの郷からなっていました。岡遺跡の栗太郡衙は、治田郷に所在したことになります。そこで、古代の場合、近江国衙が勢多郷にありますから、勢多郷の方が行政をおこなうには便利ですから、栗太郡衙を勢多郷に移すこともありえたと理解する必要があります。

それから、古代の郡衙の建物を掘立柱様式で構築したとすると、これと関連し、建物を頻繁に建

写真１　手原遺跡で検出された掘立柱の倉庫群

て替えながら維持しているということです。そこで、栗太郡衙に設けられた正倉との関連で留意されるのは、これまで近藤広さんが報告している栗東市の手原《てはら》遺跡の建物の性格です。この手原遺跡では、二〇〇六年（平成一八）度に岸畑の調査地（写真１）で、多くの掘立柱の倉庫群が並んで検出されています。また、二〇〇七年度の上天神の地区の発掘でも多くの倉庫群が見つかっています。

これらの倉庫群は、岡遺跡の栗太郡衙の正倉の建物の建替えの際に、この手原遺跡に一時的に構築した可能性を考える必要がないか（図５）。または、古代には正倉を一か所にまとめて構築して管理すると、火災が生じた際に、類焼して倉庫群が全焼する危険性が少なくなかったわけです。

そこで、他の古代郡衙をみますと、茨城県の

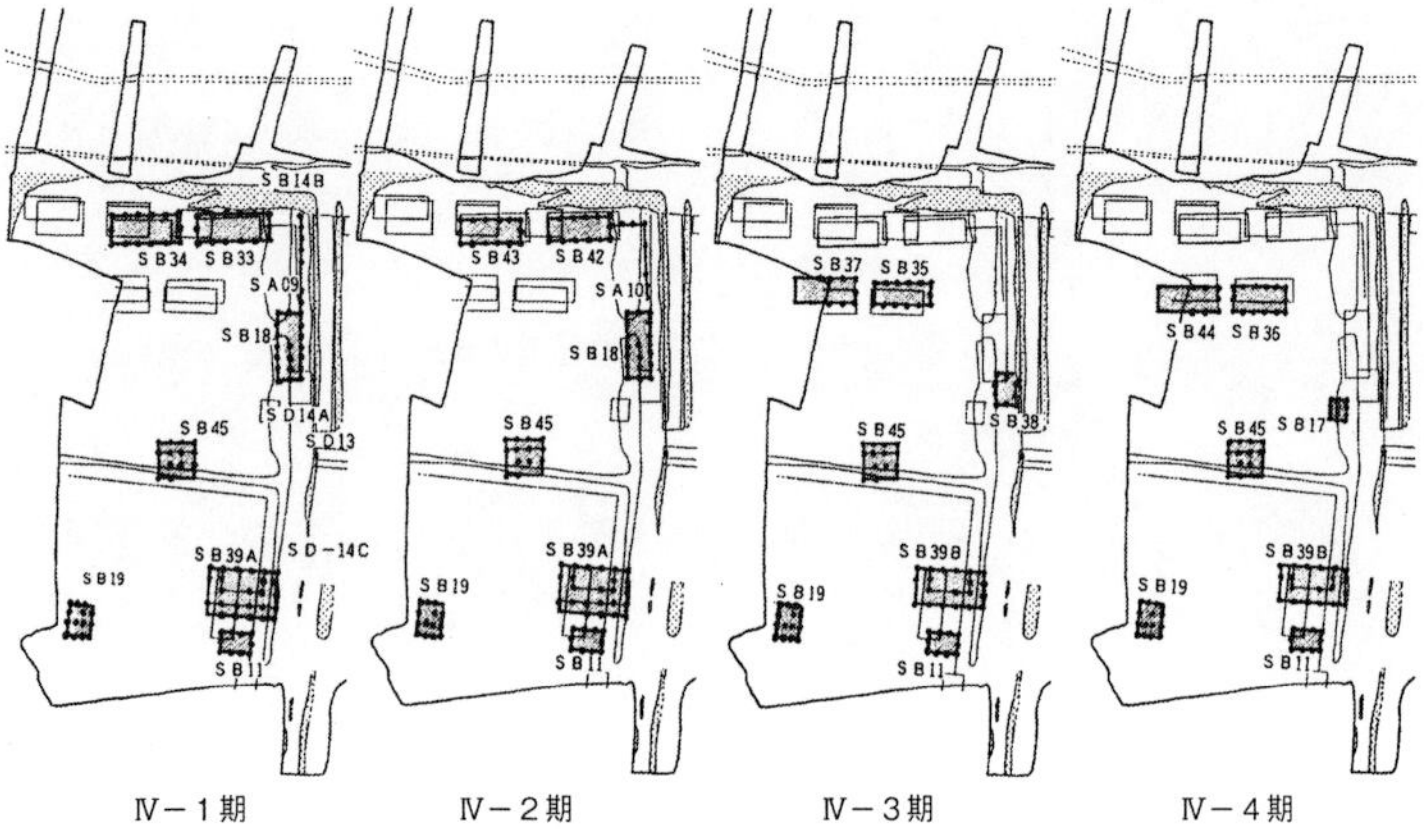

図５　栗太郡衙と正倉の変遷

平沢《ひらさわ》官衙遺跡では、筑波郡の正倉院のみを郡衙から離れた場所に構築した遺構が発掘されています。これを参考にすると、栗太郡衙でも岡の地の郡衙に正倉を構築した他に、ある時期に手原遺跡にも正倉院を設けていた可能性が少なくないように思います。

そして、手原遺跡からは丸・平瓦、軒瓦も出土しており、在地の有力氏族の氏寺である手原廃寺も、この手原に建てられていたと推測されていますので、郡司の一人は、氏寺の付近に、栗太郡衙の正倉院の一部をここで管理していたことも推測されます。

郡衙で政務を担当した人

つぎに栗太郡衙では、あるいは古代の郡衙では、どのようにして政務をおこなっていたのか、言葉を換えますと古代郡衙では、どのような人によって、どのように政務がなされていたのかが問題になります。

古代の郡衙を担った郡司の正式職員は、大領・少領・主政と主帳のみです。このような少人数で、どのようにして郡衙の政務を担ったのかということになります。これは、『類聚三代格《るいじゅうさんだいきゃく》』に、九世紀前半の弘仁《こうにん》一三年（八二二）閏九月二〇日付の太政官符《だじょうかんぷ》に、いっさいの雑徭《ぞうよう》を止めにしたことに対する処置が通達されています（資料2）。これは、雑徭として毎年六〇日の賦役させることができないので、政府はそれまで無償で働かせていた人員を、国衙、郡衙で雇用してよい人員を具体的に通達したものです。

いま、国衙を見ますと、節度使雑掌《せつどしざっしょう》の廝丁《しちょう》、計帳や正税《しょうぜい》帳を書く大帳税帳所書手、紙を作る人、筆を作る人、書類の紙を表装する人、書類を入れる木函《きばこ》や木簡の木札を作る人、国衙が造る武器の責任者と工人、多くの諸雑務をおこなう人、正倉院に収納する穀類を管理する人、籠《かご》や縄の材料の黒葛《つづら》を採る人、国衙の官人の諸雑務をおこなう人たちが大・上・中・下国で員数に差がありますが、公費で雇用してよい員数を記しています。

一方の郡衙を見ますと、郡衙では書記官としての職務をおこなう郡書生がいました。郡も大・上・中・下の区分によって員数が異なっています。また郡ごとに書類を書く案主《あんじゅ》を二人を雇用してよいとしています。さらに、倉庫を配した正倉院の鍵を扱う鎰取《かぎとり》、正倉院の全体を管理する税長、各郷で租の税を徴収する徴税丁、調の徴収に責任をもつ調長、庸布を徴収する服長《はとりちょう》、庸の徴収の責任者である庸長、庸米の徴収を担当する庸米丁、郡衙で多くの諸雑務を担う人たちである駆使、郡衙で食事の部門の責任者の厨長、そのもとで多くの調理にあたる人たち、種々の容器を製作する人、紙を漉《す》く人、松明《たいまつ》を作る人、炭を焼く人、藁《わら》を採る人、蒭《まぐさ》を扱う人などの職種の部門の人たちが職種として認められ、それらの部門でそれぞれ必要とする最少の員数が認められています。この員数は、通常の郡衙では、それ以上の多くの人たちが雑傜として毎年六〇日、その地域での道路の修理や池・河川の堤の修理などに従事していたのと同じように、国衙や郡衙での労務に動員されていたのです。

このように、郡衙での具体的な政務が六〇日出仕する雑傜によっておこなわれていたことが知られています。しかし、現在の県市町村で担う行政の諸部門のスタッフからみますと、専任の職員でなしに、それらの職務を継続的に進め得たとは考えにくいように思います。

すなわち、郡衙の政務にとって、最も重要な戸籍・計帳の編成、それをもとにする租庸調の徴税の実務などが雑傜による郡雑任《ぞうにん》によって継続的にできたとは考えにくいのではないか。それらの多くの部門では、何らかの方法で専従の人を採用しておこなっていたのではないかと推測されます。

それは、例えば雑傜として出仕する代替として米・布を納めさせ、その費用によって必要な部門の有能な人材を雇用し、専従させていたのではないか。あるいは、各郡には男女とも六歳になると、男は二段《たん》、女はその三分の一の田を与えてい

資料2

『類聚三代格』弘仁十三年（八二二）閏九月二〇日付

太政官符ス

応キ㆑給ス㆓食ヲ傜丁ニ㆒事

四度使雑掌ノ廝丁 朝集使四人 自余三使各二人

大帳税帳書手 大国十八人 上国十六人 中国十四人 下国十二人
造国料紙丁 大国六十人 上国五十人 中国四十人 下国三十人
造筆丁 国別二人　造墨丁 国別一人　装潢《そうこう》丁 大国六人 上国五人 中国四人 下国三人
造函幷札丁 大国六人 上国五人 中国四人 下国二人
造年料器仗長 国別一人　同丁 大国百廿人 上国九十人 中国六十人 下国卅人
国駆使《くし》 大国三百廿人 上国二百六十人 中国二百人 下国百五十人
収納穀類正倉官舎院守 院別十二人
採ル二黒葛《つづら》ヲ一丁 国別二人。不レ貢ルガ二御贄ヲ一国不レ在ハラ二此限ニ一、
事力《じりき》毎二一人一 厮《よほろ》丁四人
郡書生 大郡八人 上郡六人 中郡四人 下郡三人　毎レ郡ニ案主二人
鎰取《かぎとり》二人　税長正倉官舎 院別三人
徴税丁 郷別二人　調長二人　服長《はとり》 郷別一人
庸長 郷別一人　庸米長 郷別一人　駆使 大郡十五人 上郡十二人 中郡十人 下郡八人
厨長《くりや》一人　駆使五十人　器作二人　造紙丁二人
採松丁一人　炭焼丁一人　採藁丁二人
芻《まぐさ》丁三人　駅伝使舗設丁 郡幷駅家別四人　伝馬長 郡別一人
右諸国言上参差《しんし》不レ同カラ。仍テ折中シテ所レ定ムル如レ件ノ

ます。だとすると、その新たな班田用の水田を少なからず有していたものと推測されます。そこで、それらの水田を雑徭によって経営し、それらの財源によって、郡衙の運営に不可欠な部門の責任者を年間にわたって雇用し、重要な戸籍、計帳の編成、租庸調の徴税部門などをおこなっていたものと推測されます。しかし、このようなことを具体的に知るには、郡衙で記された木簡なしには難しいかも知れません。

いずれにせよ、郡衙の重要な政務が郡雑任によってのみおこなわれたとすることは、私は不可能であったと考えます。今後の研究によって、郡衙でのより具体的な政務の運用が解明されることが望まれます。

郡司の任用

さらに、この郡衙の運営は、郡衙の政務を担いうる有能な郡司を任用するのが重要なことでした。郡司の任用に関連することとして、『続日本紀《しょくにほんぎ》』天平一四年（七四二）五月庚午（二七日）条を資料に掲載しています（資料3）。これには郡司の少領以上の者は、国司の史生《ししょう》以上の者が共同で選んで定め、しかも、その郡がこぞって推薦できるような者、また隣の郡まで名が聞こえた者を取り、定員にしたがって中央に推薦するようにさせています。また、『続日本紀』天平勝宝元年（七四九）二月壬戌（二七日）条は、これまでの郡司の採用方法を述べ、今後は郡を設けて以来の譜第・重大の者を選び、嫡流《ちゃくりゅう》に継続させるようにし、もし嫡子《ちゃくし》に罪や疾病《しっぺい》がある場合は、令にしたがって替えるようにとしています（資料4）。

さらに、具体的な郡司の任用に関連するものとして、『正倉院文書』の「謹解申請海上郡大領司仕奉事」があります（資料5）。これは海上国造《うなかみのくにみやつこ》の他田日奉部直神護《おさだひまつりべのあたいじんご》が下総国《しもうさのくに》海上郡（千葉県）の大領への任命を申請したものです。神護の祖父は孝徳朝に少領を担っており、父は天武朝に少領を担い、持統・文武朝に大領を担っています。また兄は元明・元正・聖武朝に大領に任じられていること。そして神護自身は、養老二年（七一八）から故兵部卿であった藤原麻呂《ふじわらのまろ》の資人《しじん》として一一年、また中宮舎人《ちゅうぐうとねり》として天平元年（七二九）から二〇年まで、あわせて三一年間仕えてきたとして、海

資料3

『続日本紀』天平十四年（七四二）五月二十七日条

制《スラク》、「凡《ソ》擬《スハ》二郡司少領已上《ヲ》一者、国司史生已上、共《ニ》知《リテ》簡《ビ》定《メヨ》。必《ズ》取《レ》二当郡推服《シ》、比郡知聞《スル》者《ヲ》一。毎《ニ》レ司依《リテ》レ員《かずニ》貢《ぐ》挙《こセヨ》。如《シ》有《ラバ》二顔《おも》面《ねリテ》濫《リニ》挙《セル》一者、当時《ノ》国司随《テ》レ事《ニ》科決《セヨ》（下略）」《トイフ》。

資料4

『続日本紀』天平勝宝元年二月二十七日条

勅《シテ》曰《ハク》「頃年之間、補二任《スルニ》郡領《ヲ》一、国司先《ヅ》検《ジテ》二譜第《ノ》優劣、身才《ノ》能不、舅甥之《ノ》列、長幼之《ノ》序《ヲ》一、擬《シテ》申《ス》二於省《ニ》一。式部更《ニ》問《ヒ》二口状《ヲ》一、比二校《シテ》勝否《ヲ》一、然後《ルニ》選任《ス》。或譜第《ハ》雖《モ》レ軽《シト》、以《テ》レ労薦《メ》レ之《ヲ》、或家《ハ》門雖《モ》レ重《シト》、以《テ》レ拙《ヲ》却《ク》レ之《ヲ》。是《ヲ》以《テ》其《ノ》緒《しょ》非《ズ》レ一《ニ》、其《ノ》族多《ク》レ門、苗裔尚《なお》繁《しげクシテ》、濫訴無《シ》レ次《ついで》。各迷《ヒテ》レ所《ニ》レ欲《スル》、不《レ》顧《ミ》二礼義《ヲ》一。孝悌之《ノ》道既《ニ》衰《ヘテ》、風俗之《ノ》化漸《ク》薄《シ》。朕窃《ひそカニ》思量《スルニ》、理不《レ》可《カラ》レ然《ル》。自《リ》レ今已後、宜《シ》下改《メテ》二前例《ヲ》一、簡《ビ》二定《メテ》立《テシ》レ郡《ヲ》以来譜第重大之《ノ》家《ヲ》一、嫡々相継《シテ》、莫《カラシム》上レ用《ヰルコト》二傍親《ヲ》一。終《ニ》絶《チテ》二争訟之《ノ》源《ヲ》一、永《ク》息《やメム》二窺《き》窬《ゆ》之《ノ》望《ヲ》一。若《シ》嫡子《ニ》有《ラバ》二罪疾及《ビ》不《ルコト》一レ堪《ヘ》二時務《ニ》一者、立替《テフルコト》如《クセヨ》レ令《ノ》」《トノタマフ》。

上郡の大領への任用を申請しています。

これは神護が海上郡で在地では譜第の有力氏族であったことと、本人が朝廷で三一年にわたって舎人として仕えてきた実績をもとに、大領への任命を申請したことを知りうるものです。神護がこの申請をだす理由は記されていませんが、これは兄が高齢となったので、弟の神護が後継者になることを申請した書類と思います。神護の家は、まさに譜第・重大の家柄であったことからすると、任用されたものと推測されます。

資料5

『正倉院文書』（大日本古文書）

謹《つつしミテ》解《げ》申《シ》請《シ》海上《うなかみ》郡大領司《ニ》仕奉《つかへまつル》事

中宮舎人《ちゅうぐうとねり》　左京七条人《ノ》従八位下海上国造他田日奉部直《おさだひまつりべのあたい》神護《じんご》我《が》下総国《ノ》海上郡《ノ》大領司尓《に》仕奉《つかへまつル》止《と》申《ス》故波《は》、神護我《が》祖父小乙下忍《ハ》、難波（孝徳）朝廷《ニ》少領司尓《に》仕奉《へり》支《き》。父追広肆宮麻呂《ハ》、飛鳥（天武）朝廷《ニ》少領司尓《に》仕奉《へり》支《き》。又外正八位上給《ヲハリて》弖、藤原（持統・文武）朝廷《に》大領司尓《に》仕奉《へり》支《き》。兄外従六位下勲十二等国足《ハ》、奈良（元明・元正・聖武）朝廷《ニ》大領司尓《に》仕奉《へり》支《き》。神護我《が》仕奉《ヘル》状《ハ》、故兵部卿従三位藤原卿（麻呂）《ノ》位分資人《トシテ》、始《メテ》㆓養老二年（七一八）㆒《ヨリ》至《ル》㆓神亀五年（七二八）㆒《ニ》、十一年、中宮舎人《トシテ》、始《メテ》㆓天平元年（七二九）㆒《ヨリ》至《ル》㆓今廿年（七四八）㆒《ニ》、合卅一歳。是以《ヲテ》祖父父兄良我《らが》仕奉祁留《へりける》次尓《に》在《ル》故尓《に》海上郡《ノ》大領司尓《に》仕奉止《ルと》、申《ス》。

調の貢進物をめぐる問題

ところで、郡司らが重要な役割をはたした徴税の一つの調の貢進に関連し、近江国の調の貢進品をみておきます。これは、『延喜主計寮式』によると、近江国の調は、二色の綾三〇疋、九点の羅二疋、白絹一〇疋、緑の帛《はく》二〇疋、帛一三〇疋、柳筥《やないばこ》一合、さらに個数の記載は省略しますが、須恵器の缶、酒壺、燼瓫、水椀、大・小の筥杯、深杯、麻笥盤《おけざら》を貢進し、残りは絹を貢進させています（資料6）。

このような近江国の調の貢進品をみますと、近江の大半を占める農業にかかわる人たちが自ら製

資料6

『延喜主計寮式』

大和国〈行程一日〉

調、箕《み》一百四十枚、鍋《なべ》二百二口、玉手土師《たまてのはじ》の坏五十口・間坏《まつき》百口、贄土師《にえのはじ》の竈《かま》二十八口、竈子《かまへ》三十四口、甑《こしき》三十四口・瓫《ほとぎ》三百五十八口・片坏《かたつき》七十二口。自余は銭を輸せ。

近江国〈行程、上一日、下半日〉

調、二色《にしき》の綾《あや》三十疋、九点の羅二疋、白絹十疋、緑の帛二十疋、帛百三十疋、柳筥《やないばこ》一合、缶《もたい》六十口、酒壺八合、燼瓫《ほそくつほとぎ》四口、水椀《みずまり》四百八十合、大筥坏《はこつき》一千三百六十口、小筥杯百六十口、深杯六十口、麻笥盤《おけざら》二十四口。自余は絹を輸せ。

庸、韓櫃三十三合〈漆を塗り鏁《さ》を著けたる五合、白木二八合〉。自余は米を輸せ。

中男作物、黄蘗《きはだ》三百斤、紙、胡麻の油、醤《ひしお》の鮒《ふな》、阿米魚《あめうお》の鮨《すし》、煮塩年魚《にしおのあゆ》。

若狭国〈行程、上三日、下二日〉

調、絹、薄鰒《あわび》、烏賊《いか》、熬海鼠《いりこ》、雑の腊《きたい》、鰒の甘鮨、雑の鮨、貽貝《いがい》と保夜《ほや》の交鮨《まぜずし》、甲嬴《かせ》、凝菜《こるもは》、塩。

庸、米を輸せ。

土佐国〈行程、上三十五日、下十八日〉、海路二十五日

調、緋の帛三十疋、縹の帛十五疋、堅魚《かつお》八百五十五斤。自余は絹を輸せ。

庸、白木の韓櫃十四合。自余は絹・米を輸せ。

作して貢進できる品は、ほとんどないことになります。これらの品目は、いずれも官営工房で織成する高級絹織物や絹と、特定の須恵器工人が焼成する須恵器が貢進の対象物になっています。このような製品が近江国の調の貢進品となっていることは、古代の調の貢進品は、貢納者による製作とは関係なく、これらの製品を入手して納めることが要求されていたと推測されます。さらに、近江国の各郡衙では、このような製品を調として貢納しうるようにしていたことになります。

それには、国衙、もしくは郡衙が経営する官営工房でこれらのものを製作し、貢納者が郡内で交易によって、あるいは郡衙の公設市で米などと交換したものを納めたものと推測されます。しかも、いかに地域の人たちがスムーズに交易できるようにすることが郡司の力量であったとも考えます。各国の調納品は、若狭国《わかさのくに》では、大半は塩や海産物を貢進することになっているように、若狭国の人たちは、これらの塩や海産物を容易に在地で入手して納め、郡衙は木簡をつけて中央政府に貢進したものと推測されます。さらに、『延喜主計寮式』では、山城《やましろ》・大和《やまと》・河内《かわち》・摂津《せっつ》などでは、調として一部の物品を貢進し、他は銭で納めているのをみても、木簡に名前を記す貢進者とその貢進品の製作とは無関係に近いものであったと思います。

ところで、二〇二〇年（令和二）に、高知県安芸《あき》市の瓜尻《うりじり》遺跡で、一辺が二三mの方形に柵（板塀）と溝がめぐる方形区画遺構が検出されています（図6）。その内部からは、北辺で小規模な掘立柱の総柱建物、東西棟建物、その南で大きな井戸が検出されています。

この方形区画遺構のすぐ東を南北に幅広い運河が流れており、方形区画遺構の南側を流れる運河

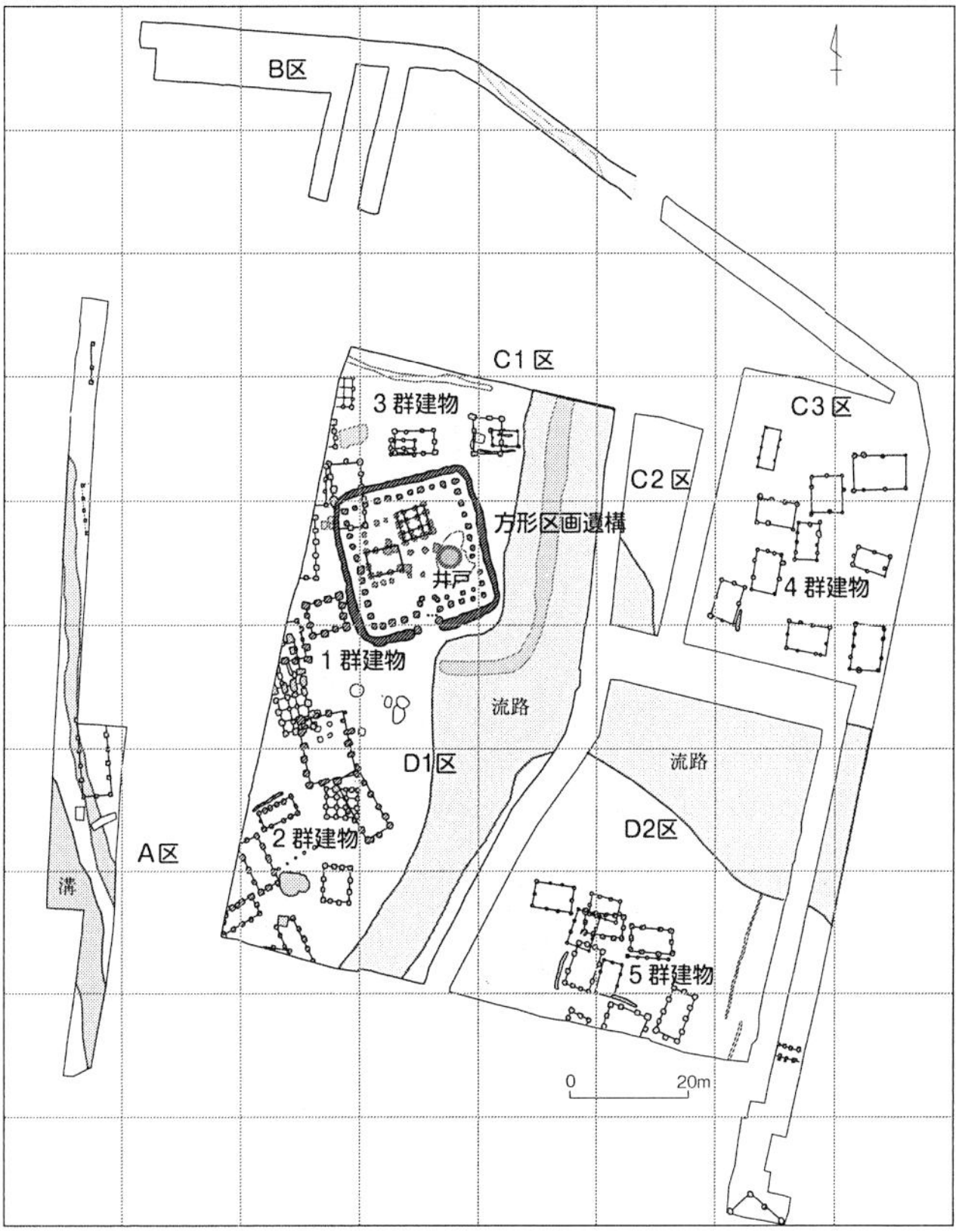

図６　高知県にある瓜尻遺跡の主要遺構位置図（安芸市立歴史民俗資料館提供）

の一部で船着場が見つかっています。遺跡は七世紀後半もしくは末の時期のもので、七世紀後半の軒瓦も出土し、近くに古代寺院も建っていたものと推測されています。まだ遺構の性格は解明されていません。私は有力氏族の氏寺が近くに建てられているので、在地の有力氏族が郡司を担う土佐国の安芸郡郡衙も近くに所在するものと考えています。そして、船着場が見つかっているので、この方形区画遺構を調の貢進品を購入する公設市に推測しています。土佐国は、調として、絹三〇疋、絁の帛一五疋、堅魚《かつお》八五五斤、残りは絹を貢進させています。

これらの絹や堅魚という調の品目からすると、安芸郡の人は郡衙が設けた公設市で、調の貢納品に米と交換して郡衙に納めたものと推測しています。そして方形区画遺構を市とすると、検出されている総柱建物は市の開閉を鼓で知らせるために設ける市楼と思います。他に、この遺跡の類例は知られていませんが、いずれ栗太郡衙の付近でも、同様の遺構が検出されるのではないかと考えています。

参考文献

条里制・古代都市研究会編『日本古代の郡衙遺跡』二〇〇九年

報告

滋賀県草津市黒土遺跡の鋳造関連遺構群について

草津市教育委員会　岡田雅人

官道に沿って連なる生産遺跡

皆様、こんにちは。草津市教育委員会歴史文化財課の岡田と申します。

この栗太郡、岡の近くのすぐ隣、草津に住んでおります。足かけ三十数年、この埋蔵文化財の世界で、仕事をさせていただいています。これからの話は、若干昔にさかのぼる話になってきます。先の発表で雨森さんから、岡の周辺の遺跡の状況を示すお話がありましたが、お手元の資料に図面が記載されていると思います（28・29ページの図3・4）。そこには、手原遺跡が中央にありまして、その南に、岡遺跡。その西に、矢倉口《やぐらくち》遺跡・岡田追分《おかだおいわけ》遺跡・大将軍《だいしょうぐん》遺跡というのが、三つ並んでいて、瀬田寄りのほうに、榊差《さかきざし》・黒土《くろつち》遺跡という遺跡があります。そして、その南に、近江の国府、国衙が所在します。この榊差・黒土遺跡と、先ほどありました近江国衙と、栗太郡の郡衙と考えられています岡遺跡、その中間に矢倉口遺跡・岡田追分遺跡・大将軍遺跡という、官人層が関わったと推測される複数の遺跡が官道に沿って連なっています。

約一・七㎞の間で、西より辻海道《つじかいどう》遺跡・坊主東《ぼうずひがし》遺跡・矢倉口遺跡・岡田追分遺跡・大将軍遺跡という五つの遺跡が、連結しています。その中にあります矢倉口遺跡では、私の上司が担当した過去の調査時に、奈良時代中頃の鋳造《ちゅうぞう》関連遺物が出土しています。鋳造というのは、金属を溶かして鋳型《いがた》に流し込んで器物を造るもので、矢倉口遺跡の出土品には仏器の一種の火熨斗《ひのし》と考えられる器物の鋳型片や金属などを溶かす際などに使用された容器（坩堝《るつぼ》）、金属を溶かす容器をはさむための道具（鉄鉗《かなはし》）などが出土し、矢倉口遺跡では官衙的な機能を持った集落の中に、こういう鋳造をおこなった工房が存在するということがわかってきました。ちょうど岡遺跡とも併行している段階にこのような遺跡が存在しているのです。

二〇一九年度（平成三一〈令和元〉）に草津市南笠町《みなみがさ》にある黒土遺跡というところで、発掘調査を実施しました（写真1）。その遺跡は、資料にあるとおり南草津駅と瀬田駅の中間くらいの場所に位置しますが（図1）、狼《おおかみ》川という川の北側にあたるJR線の西側の土地で区画整理事業が実施され、その道路部分の調査を、足かけ五年間で発掘調査を実施しまして、私は最終年度、この黒土遺跡の発掘調査に従事しました。

その前々年度、前年度において、黒土遺跡の北側に隣接する榊差遺跡で調査をしました（図2）。榊差遺跡・黒土遺跡の立地する地形は瀬田丘陵の裾部なのですが丘陵地から西方（琵琶湖側）へ延びる幾筋かの谷地形があり、丘陵部が河川、もしくは小流路等によって開析《かいせき》され、指先のような形状

写真1　黒土遺跡全景

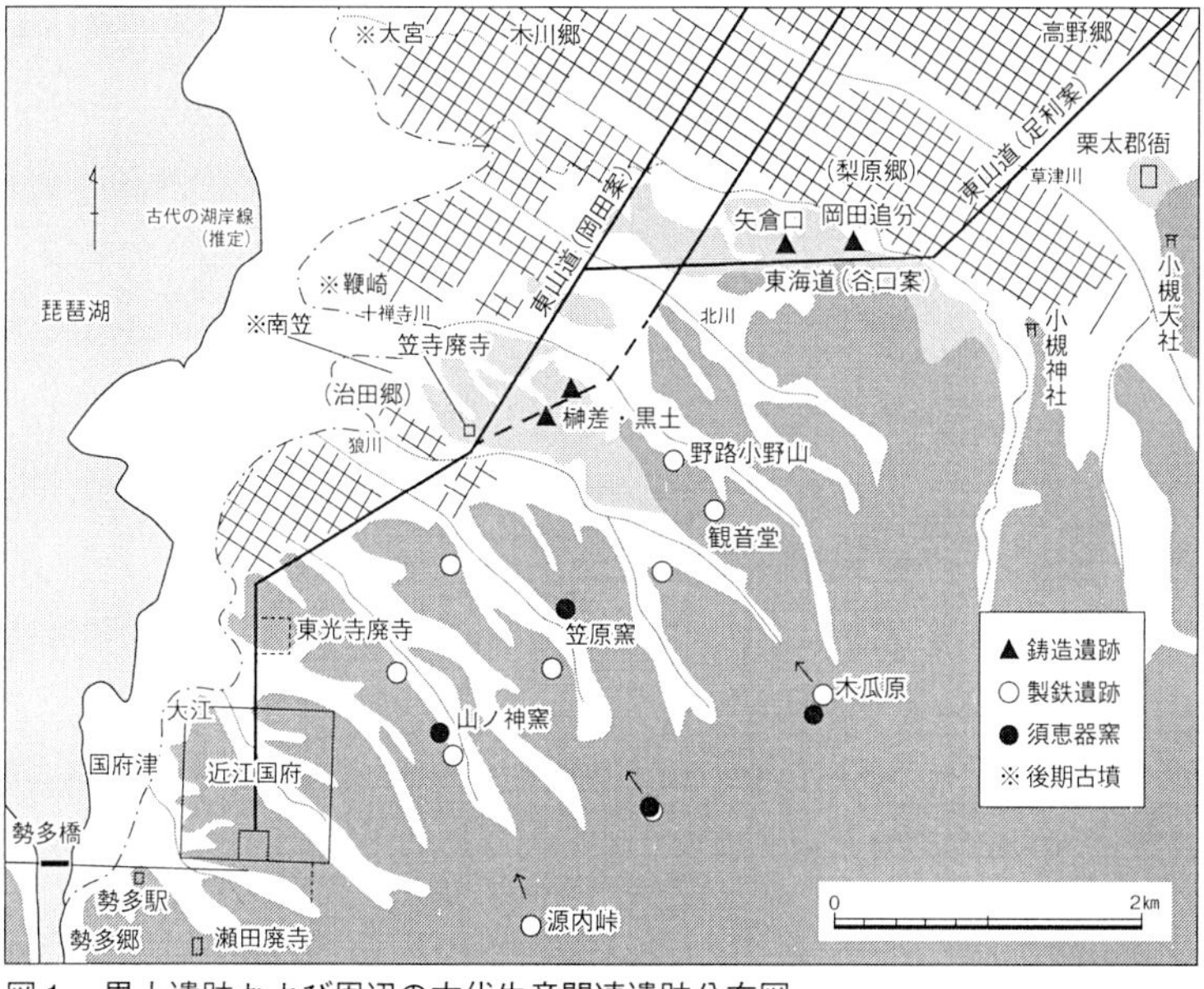

図1　黒土遺跡および周辺の古代生産関連遺跡分布図

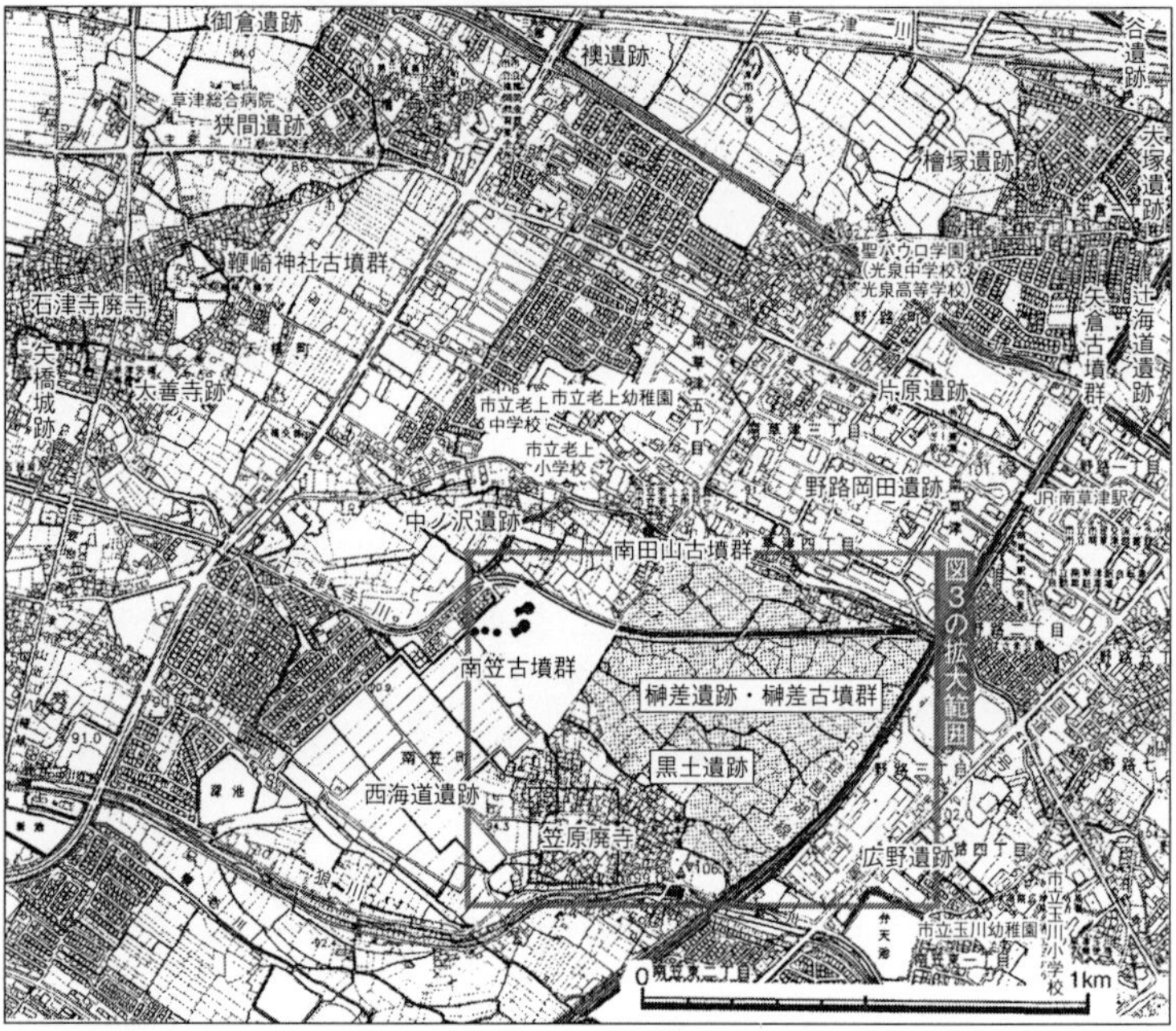

図２　黒土遺跡・榊差遺跡の調査地

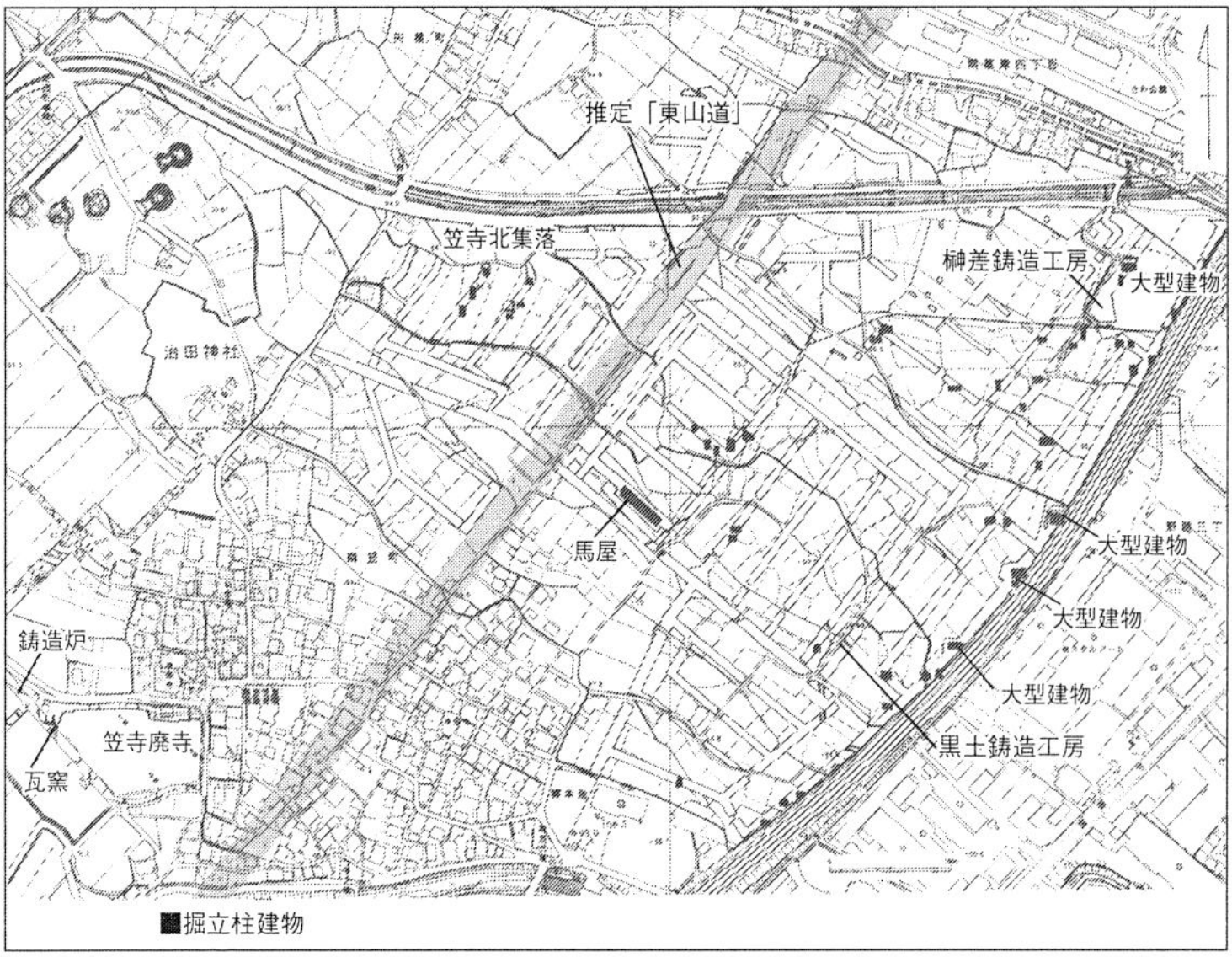

図３　黒土遺跡・榊差遺跡の鋳造関連工房跡出土地

の地形が台地の末端のところに形づくられています。

その先端部近くに、図面でもわかるように古代の官道が通っています。この官道を境にして東側（丘陵側）の北側と南側の二か所で古代の鋳造関連の工房跡が検出されました（図３）。北側の鋳造関連工房跡は榊差遺跡内にあり、南側の工房群は黒土遺跡内に所在します。榊差遺跡と黒土遺跡の鋳造関連工房の両者間の距離はおよそ三〇〇～三八〇ｍほどです。この両者の工房の間には、報告では「谷地形Ｂ」と呼称しました谷地形がありまして、その谷地形の斜面を利用して工房が築かれていました。

鋳造遺構の構造

鋳物を造る時には基本、金属を溶かす溶解用の炉があって、溶解炉に隣接しかつ溶解炉よりも低く鋳型を固定して、その鋳型内に金属を流し込むといった構造があります。金属の流し込みが終わると、その鋳型を壊して、中から鋳造物を取り出し、他所に移し、製品としてしっかり磨いたり、鋳型の継ぎ目にできる突起物（ばり）を切除したりと、製品の整形作業をしていきます。

このような鋳造の一連の作業では、鋳造に利用した溶解炉の破片や鋳型の破片、金属の溶解時に発生する不純物の多い残りかす（残滓《ざんし》）や炭などの廃棄物が多量に発生することから、この谷のところに捨てていました。

また、黒土遺跡の排滓場《はいさい》としての谷地形Bの南側では、当地で何を造ったかということを示す痕跡（遺構・遺物）を検出しました。ここには四基以上の大きな穴が掘られていまして、そこを掘削《くっさく》すると、下に段を築き、鋳型の内型と外型を置いた鋳型を固定する鋳込み土坑が存在しました（写真2）。金属、鉄を鋳型に流し込んだ後には最終的に、器物を取り出すためにその鋳型を破壊して、結局、鋳型を設置した穴は、その後、ごみ捨て場となってしまうのです。

黒土遺跡では、SK-1・SK-4といった鋳込み土坑があります。写真にあるSK-1、この土坑が最も大きなものとなったのですが直径約四m、深さ一・五mぐらいの穴で、当土坑を使用しての

写真２　黒土遺跡Ｔ３調査区鋳造関連遺構群の全景

鋳込みは最低でも二回を数えるものでした。（写真2）
この土坑を利用した二回目の鋳造行為では、鉄の大きな鍋もしくは羽釜《はがま》を作った痕跡として、外型の基部と考えられる直径一・二m以上の痕跡や鋳型を据えるために地盤に板を敷く必要があることから、この板を固定するための石などが確認されました。
そして、この円形にめぐるリング状になっている土塊が、鋳型の一番基礎の部分にあたります。

出土した鋳型と遺物

写真3は鍋釜の外型基部の残存状況の写真です。写真4は、その鋳型を周囲の土ごと切り取ったものです。鋳型に対して外側に白色粘土できれいに固めている。たぶん、この白色粘土といっしょに鋳型を包み込んで鋳型を固定するという、鋳型据え付けの構築の方法が見てとれます。

図4は鋳込み据え付けのイメージ図ですが、丘陵の裾に穴を掘って、上に、溶解する炉を据える。溶解炉の下方には、大きな鋳型を固定し、上から流し込んで、最終的にこれを壊して鋳物を取り出す。鋳物を取り出すためには、鋳型本体や周りの固定粘土をはずす必要がありますから、すべて壊してしまいます。当然、次に新たな鋳物を作ろうと思うと、別の穴を用意する。または、一度鋳造をおこなった鋳込み坑を修復して、再度利用する。そういった鋳造の一連の作業工程の状況が現れています。

写真３　T２調査区鋳込み土坑上部（SK-1）出土外型基部　東より

写真４　周囲の土ごと切り取った鋳型

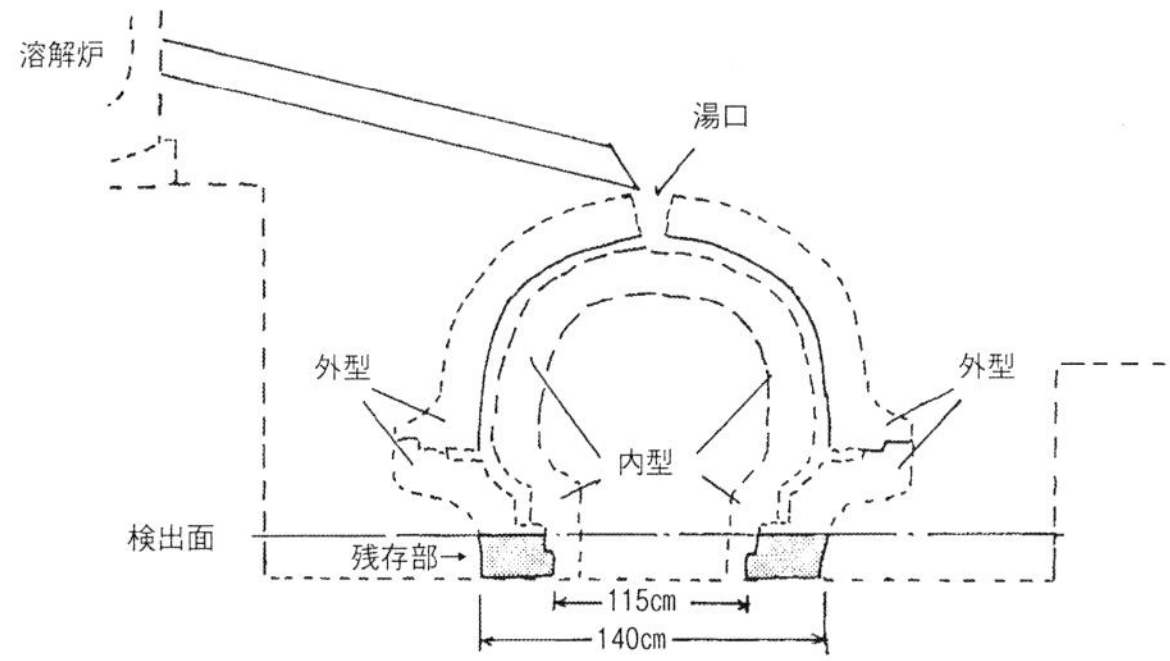

図４　鋳込み据え付けのイメージ図

では、鋳造された物自体はどんなものだったのか。写真5・6のような遺物が複数出土していま す。先ほど、鉄の鍋、羽釜と言いましたが、当時の鍋、羽釜の中には、獅子の脚をモチーフにした獣脚付きの鍋、羽釜があり、写真の鋳型はまさしくこの獣脚部の鋳型と考えられるものです。このような鋳型は先ほど話しました、鋳込み後に廃棄土坑となった土坑や廃棄場となった谷地形の堆積土の中からも出土しています。

話は少し離れますが、写真1を見てください。大きな鍋釜を鋳込んだSK-1に壊されてSX-1と標記した溝状の土坑があります。

この土坑は、鋳造鋳込みには直接関係するものではありませんが、埋まった土の中に銅と長石《ちょうせき》などの砂粒が解けて小粒状になった粒（約一cm前後の大きさ）が多量に混ざって埋まっていました。先ほどの大型の鍋釜鋳造に関しては、その素材は鉄だと言いましたが、鉄製の鍋釜鋳造の前段階には、銅製品の鋳造もおこなっていたのではないかと推測できる証拠となっています。

加えて、写真7についてです。鋳造の際、鉄を溶解しようとすると、溶解炉の中に鉄素材を入れて溶かし、溶解したものを流し込むのですが、炉を加熱するのに、鞴《ふいご》などで炉内に送風しなければ溶解に適した温度まで上げることはできません。このため溶解炉の炉壁に組み込まれた送風用の大型羽口《はぐち》が、廃棄場所より出土しています。

次に、図5は日本で最も古いとされている、奈良県明日香《あすか》村にある川原寺《かわらでら》北域の調査で検出された鋳型から復元された鉄釜の復元図です。左は、鎌倉時代の現存する最古級の鉄釜です。

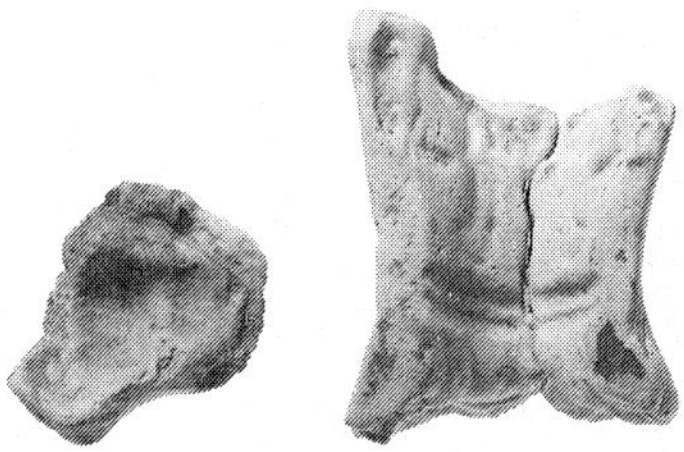

写真６　鋳型

写真５　鋳型

写真７　羽口

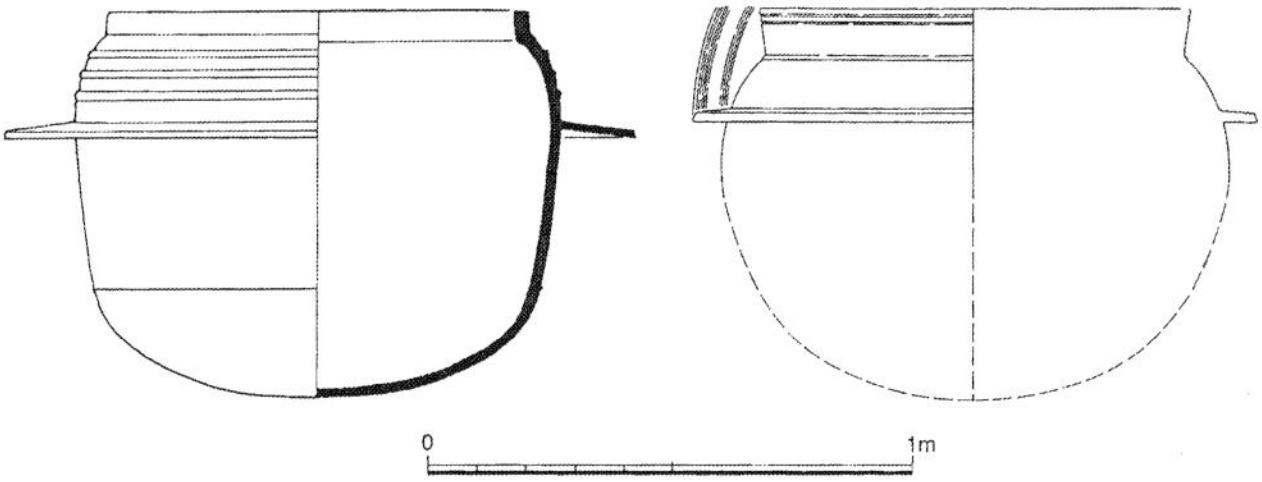

図５　建久九年銘和歌山県本宮大社の鉄釜（左）と川原寺鉄釜復原図
（奈良文化財研究所編『川原寺寺域北限の調査—飛鳥藤原第119-5次発掘調査報告』より）

大きな金属製の鍋・釜が必要とされた時代

最後のまとめとなりますが、これは先ほど郡衙がいつ整備されたかというような問題はあるのですが、白鳳時代の藤原京や奈良の都、平城京が本国の中心地でありました。その前の時代には、飛鳥や近江に宮があった時代があります。今回その存在が確認された鋳造工房の跡は七世紀後半～八世紀初頭の間のもので、その上限は飛鳥から、近江、そして、また今度は飛鳥に戻って、藤原宮という平城京に入る前の都が整備される時代から始まり、そして平城京へ遷ろうとする時代、六〇〇年代のほんとうに終わりくらいから七〇〇年代の頭ぐらいの段階に、大きな金属製の鍋、釜を数多く作っていたことを証明した遺跡といえます。榊差遺跡・黒土遺跡といった隣接する二つの遺跡でほぼ同時にそういう器材を作っているということがわかりました。

これは、当時、平城もそうですけれども、都城整備や地方における政治機能、中心的な施設（国衙・郡衙）や寺院といった施設の建設ラッシュが始まっている頃だと思います。そのような社会状況の中、小笠原先生のお話の資料にもありますが、例えば、郡衙内の「厨」（料理をする場所）などでは、多人数のものを作らなきゃならない。それから、大寺院などには「湯屋」というものがありまして、寺院の活動の一つとして寺院の中に「湯屋」を設けて、サウナ療法により病人の治療にあたるといった活動が知られています。例えば、法隆寺《ほうりゅうじ》や大安寺《だいあんじ》といった寺院では、「銅の鍋を何口」

だとか、「鉄の鍋を何口」が資材帳の中に記載され、寺院に大きな鍋釜が奉納されるというような例もあります。

このように当時の官衙や大寺院には非常に大きな鍋、釜が必要となる。こういう時代が急速に展開することになった社会・時代背景の中で、榊差・黒土遺跡の両遺跡で大型の鍋釜鋳造が行われたと考えられますし、その生産場として瀬田丘陵の、生産遺跡群の一部に金属製器物の鋳造生産遺跡が成立したのだろうと考えています。いろいろと他にもお話したいことはありますが、このことにつきましては、また、別の討論の場でお話しできたらと考えます。ご清聴ありがとうございました。

参考文献

草津市教育委員会『草津市文化財調査報告書一三四　榊差遺跡・榊差古墳群・黒土遺跡・南笠古墳群発掘調査報告書』二〇二二年
独立行政法人文化財研究所　奈良文化財研究所『川原寺寺域北限の調査　飛鳥藤原第一一九-五次発掘調査報告』二〇〇四年

紙上報告

古代栗太郡の官道

公益財団法人滋賀県文化財保護協会　内田保之

はじめに

近江国は、畿内と東国の接点に位置するため、古来より両地域を行き来するための主要な交通路が幾本も整備されてきた。古代では、美濃《みの》・信濃《しなの》を経て東北地方へ至る東山道《とうさんどう》。伊勢《いせ》・尾張《おわり》から関東地方沿岸部方面へは東海道《とうかいどう》。北陸方面には北陸道《ほくりくどう》というように、東国へ向かうすべての官道が近江を通過していた。ただし、東海道だけは都が平城京から長岡京へと移って以降のこととなる。それまでは、平城京のある奈良から伊賀《いが》へ抜け、伊勢に至るルートになっていた。古代における官道の起点は基本的には中心である都となるため、都が移転すると周辺地域の官道もその影響を受け、路線が変更されてきた。

なお、官道とは国家によって整備された道路で、このうち東山道や東海道といった七本の道路は、路線上に馬の乗り継ぎなどのための施設である駅家が設置されていたことから駅路《えきろ》とも呼ばれている。これら七道駅路は、都と地方をいち早く結ぶことにより、情報などの伝達をスムーズにおこなうことがその大きな目的の一つであった。

近江国内の官道

近江国を含む畿内周辺地域の駅路については、比較的早くから研究が進み、足利健亮《あしかがけんりょう》氏によってそれらは体系化され、その変遷についても整理されている。現在おこなわれている研究もその推定ルートに多少の異同はあるものの、すべてこれが基礎となっているといっても過言ではない。近江国内ではどのあたりをこれらの官道が通っていたかというと、図1のとおりである。

逢坂山《おうさかやま》を越えて近江国へ入った東山道は、現在の新幹線とほぼ同じようなルートをとり、湖南から湖東、そして湖北南部を通過して関ケ原へと抜けていく。東海道は草津市矢倉《やぐら》付近で東山道から分岐し、当初は現在のJR草津線に近いルートで柘植《つげ》方面へ抜けていた。しかし、九世紀末頃にルートの変更があり、水口《みなくち》から土山《つちやま》を通る江戸時代の東海道に近いものとなった。これら両道に対して、北陸道は逢坂山越えではなく、その北側の小関《こぜき》越えで近江国へ入り、湖西を北上して越前《えちぜん》・若狭《わかさ》へと向かった。

これら三道が近江国を出た所には、三関《さんげん》とも称される古代において最重要の関が設置されていた。すなわち東山道の不破関《ふわのせき》、東海道の鈴鹿関《すずかのせき》、北陸道の愛発関《あらちのせき》である。なお、不破関は岐阜県の関ケ

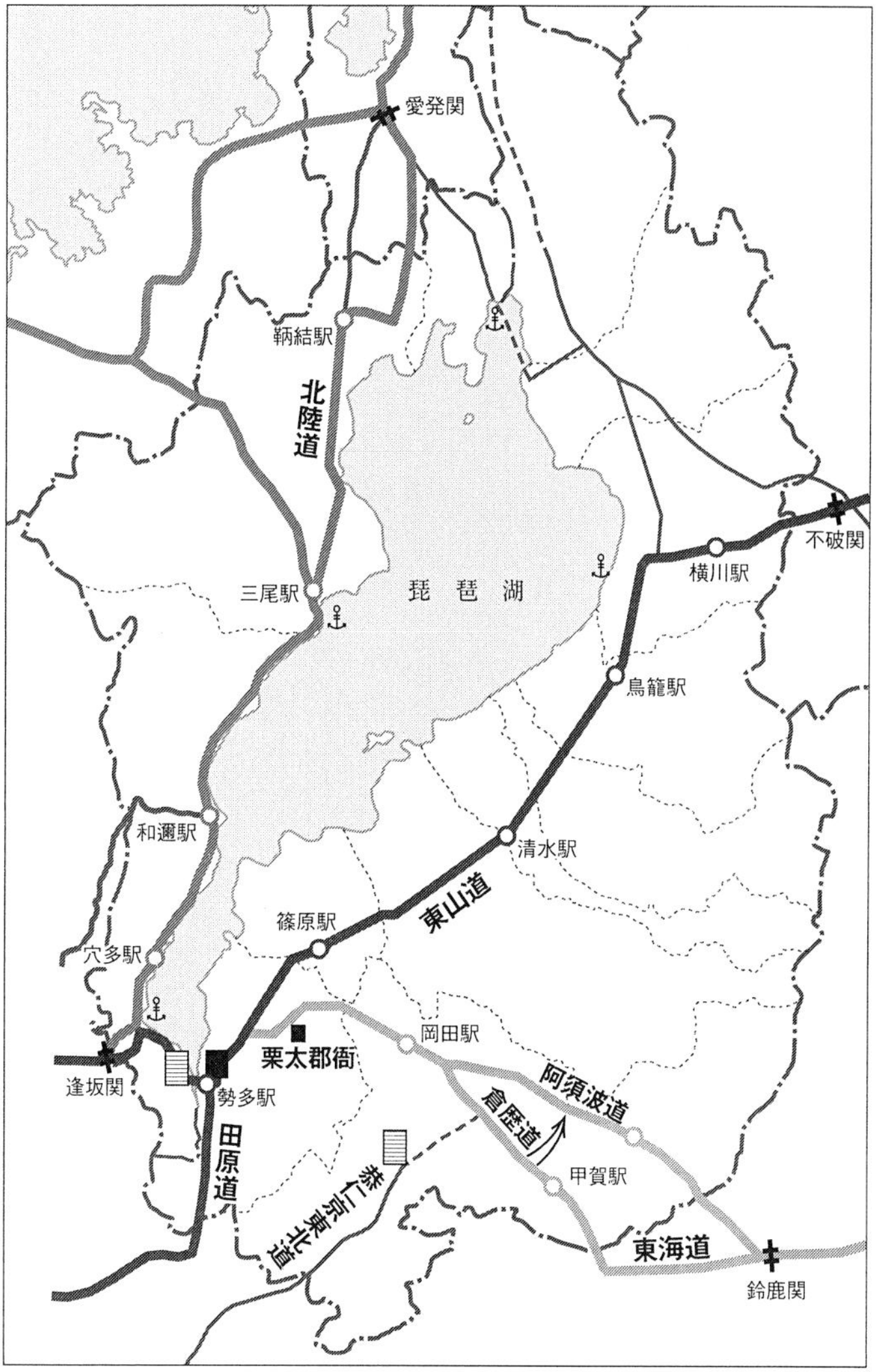
愛発関
鞆結駅
北陸道
三尾駅
琵琶湖
不破関
横川駅
鳥籠駅
清水駅
和邇駅
東山道
篠原駅
穴多駅
岡田駅
栗太郡衙
逢坂関
勢多駅
阿須波道
倉歴道
田原道
甲賀駅
恭仁京東北道
東海道
鈴鹿関

図１　近江国道路図

原、鈴鹿関は三重県の旧関町《せき》（現亀山市）の地名の由来となっている。関の設置場所に注目すると、近江国は三関の内側にあり、この点を鑑みれば、当時の政権にとって近江国は重要な地であったことがわかる。

栗太郡の官道

逢坂山を越えて近江国へ入った東山道は、大津市域をいったん南下し、石山《いしやま》・瀬田《せた》間で瀬田川を渡るのは現代でもほぼ同じである。瀬田川の渡河《とか》については、現在の唐橋《からはし》の下流約八〇mの位置で古代の勢多《せた》橋の遺構がみつかっている。この勢多橋から東へは現在の道路が途切れ途切れであるが一直線で連なり、近江国の中心地・近江国庁まで続いている。その途次には、勢多駅の有力推定地である堂ノ上《どうのうえ》遺跡も存在する。東山道は、近江国庁で北向きに進路を変えるが、大津市大萱《おおがや》三丁目までの南北路やそこから北東へ進路を変え同市大将軍《だいしょうぐん》一丁目までの現道が古代官道の痕跡と考えられている。この直線形態の現道は、部分的ではあるが草津市南笠《みなみがさ》町までその痕跡がみられる。しかし、その先線については明瞭な直線形態の現道が草津市南部地域では認められない。

一方で、近世中山道が守山市今宿《いまじゅく》一丁目から草津市草津三丁目にかけての区間では、古代官道特有の直線形態を留めるものとして東山道のルートとして推定されている。南笠町から草津三丁目の間ではこのような痕跡が認められないため、それぞれの直線区間の延長をもってルートの推定を

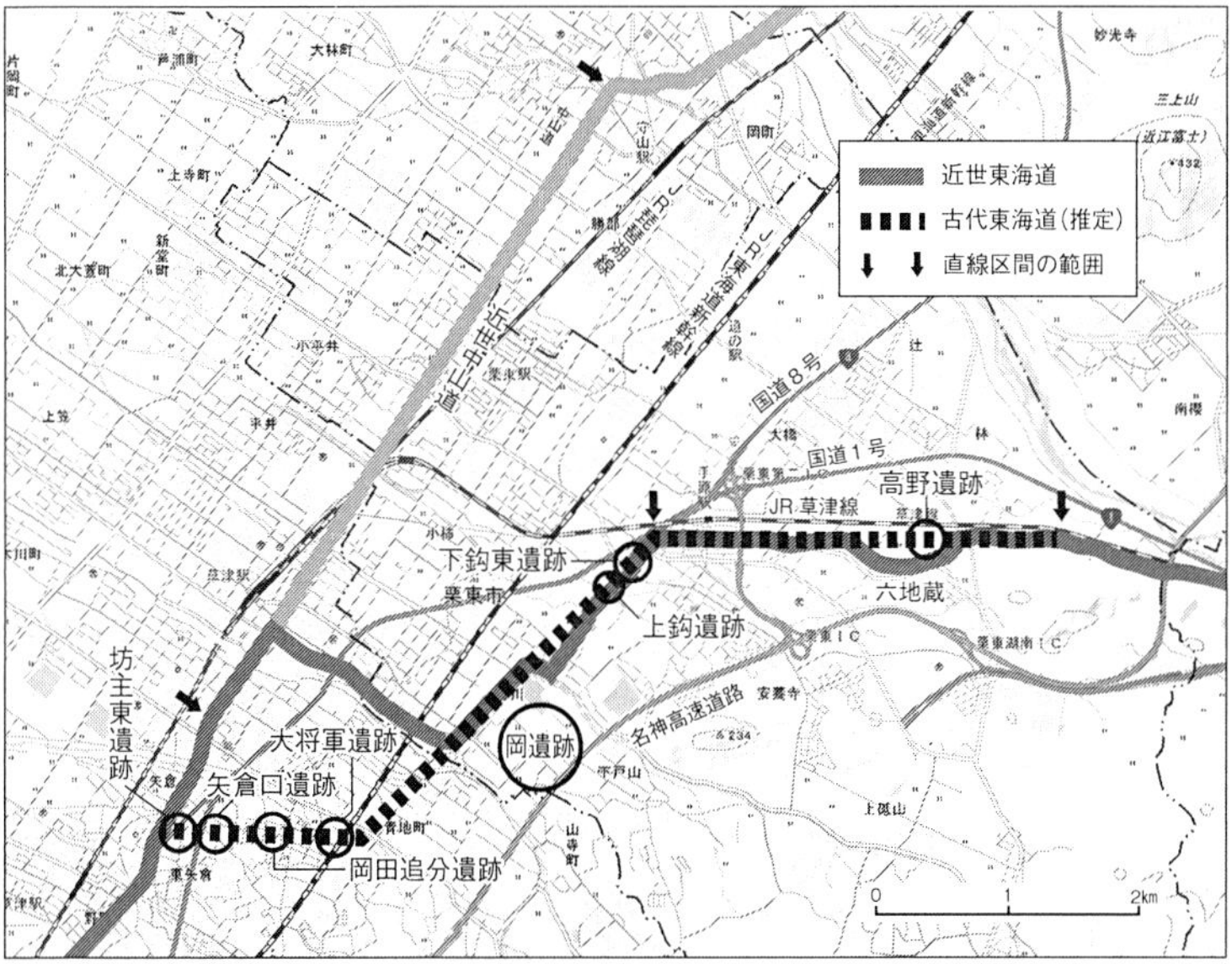

図2　東西方向の直線区間

されている。そして、南側からの延長と北側からの延長したものが交わるところが、草津市野路《のじ》四丁目となる。

ところが、ちょうど東山道ルートが推測の域を出なかった草津市南部地域にある野路《のじ》岡田《おかだ》遺跡や榊差《さかきざし》遺跡・黒土《くろつち》遺跡において東山道とみられる一連の道路遺構がみつかった。ただしこの道路遺構の位置は、先に推定されていたルートの西側となることから、そのルートの修正が求められることとなった。

それでは東海道はどうであろう。草津市矢倉《やぐら》二丁目付近で東山道から東方向へ分岐し、そのまま同市青地《あおじ》町まで直線で向かい、そこで北東方向へ屈曲し、一部近世街道の直線区間と重複しながら栗東市手原《てはら》五丁目へ至る。そしてその途次には栗太郡衙である岡遺跡が面している。手原五丁目からは再度向きを真東へ変え、同市伊勢落《いせおち》に向かう。その間には古代官道の名残とされる近世街道の東西方向の直線区間が残る（図2）。

官道の遺跡

県内では広い範囲において官道の遺跡が確認されており、そのなかでも、特に草津市から栗東市にかけての東山道・東海道で比較的多く見つかっている。遺跡を列挙すれば、東山道では前述した草津市の野路岡田遺跡・榊差遺跡・黒土遺跡の三遺跡、東海道では、草津市の坊主東《ぼうずひがし》遺跡・矢倉口《やぐらくち》遺跡・岡田追分《おかだおいわけ》遺跡・大将軍遺跡、栗東市の上鈎《かみまがり》遺跡・下鈎東《しもまがりひがし》遺跡・高野《たかの》遺跡の七遺跡となる。

野路岡田遺跡では、上面幅一五〜二〇m、下面幅九〜一二mの規模を持つ大溝遺構がみつかり、底面には側溝とみられる溝と、道路遺構でしばしばみつかる波板状凹凸遺構と呼ばれる不定形の連続する長土坑が検出されている。出土遺物より八世紀末から一一世紀前葉まで機能していたとみられている。

この道路遺構の直線延長線上にあたる南西側では、南笠町の集落までその道幅の痕跡とみられる一連の水田区画や現道が確認される。榊差遺跡や黒土遺跡では、ちょうどこの部分において側溝や波板状凹凸遺構といった道路を示す遺構がみつかっている。野路岡田遺跡から黒土遺跡まで同一の道路遺構、すなわち東山道とみなすと、およそ八〇〇m以上の距離となる。東山道の遺跡については、野路岡田遺跡以北では未だ確認できていない。

この東山道に対して、東海道の発掘事例は多い。その要因の一つとして、草津市中心部から栗東市を経て、守山市へ至る東山道ルートは、近世中山道とほぼ重なっているため、発掘調査の機会が少ない。一方、古代東海道のルートは近世東海道などの現道と重複する部分もあるが、草津市南部地域の東山道の場合と同じように開発のための発掘調査が行われるような水田部分も多くあり、その対象となりやすかったことにもよる。

坊主東遺跡から大将軍遺跡にかけての東海道とみられる道路遺構は、東西方向に一直線に並んでおり、その距離は約一三〇〇mを測る。坊主東遺跡と大将軍遺跡では、南北の両側溝を備えるのに対して、矢倉口遺跡や岡田追分遺跡では前述した野路岡田遺跡のような幅二〇m強を測る大溝状となり、底面には同様な波板状凹凸遺構がみられるという形状の違いはあるものの、同一の道路遺構とみて間違いはない。また、これらの遺跡では道路遺構と方位を同じくする奈良時代中頃から平安時代前期を中心とする時期の建物が数多くみつかっている。なかでも矢倉口遺跡の建物群は官営工房的な様相を示し、大将軍遺跡は官衙的様相を呈しており、この道路遺構と密接にかかわって存在している。言い換えれば、これらの遺跡は道路遺構を中心に展開しているといっても過言ではあるまい。それとともに東海道とされる道路遺構も同時期には存在していたものとみて大過ない。

次に栗東市内でみつかった東海道についてみてみる。大将軍遺跡の東側で北東方向へ屈折した東海道は、手原五丁目で再び屈折するまでの間の上鈎遺跡と下鈎東遺跡でその痕跡とみられる遺構が

写真１　高野遺跡・東海道跡（滋賀県提供）

確認されている。上鈎遺跡では、北から東へ約五一度傾く一条の溝が検出され、東海道の推定ルートに近いことから、側溝と推定されている。上鈎遺跡の北東に位置する下鈎東遺跡では、西側溝とみられる溝と波板状凹凸遺構が検出されているが、東側溝は河道跡により浸食されているため、確認されていない。波板状凹凸遺構は八世紀後半以前に構築されたものとみられている。

近世東海道は手原五丁目から栗東市林《はやし》まで東西方向の直線形態となるが、その間の同市六地蔵《ろくじぞう》の部分だけ南側へ湾曲している。この湾曲部分の西側と東側の直線部は同一直線上にのることから、古代東海道の痕跡を示すものと注目されてきた。高野遺跡の東海道跡は、まさにこの湾曲部分の両側直線街道をつなぐ線上で発見されたのである（写真１）。

このみつかった東海道跡をそのまま東西両方向へ延伸させると、近世街道の直線区間に見事に重なってくる。南北の両側溝間は心々距離（中心線からもう一方の中心線までの距離）で一六mを測り、八世紀末から九世紀の土器が出土している。

おわりに

草津・栗東両市内において、古代官道の遺跡が次第に明らかとなってきた。それとともに新たな問題点も浮き上がってきた。

野路岡田遺跡から榊差遺跡・黒土遺跡にかけてみつかった東山道では、その機能していた時期が八世紀末から一一世紀前葉とされる。ではそれ以前の東山道はどうなのであろうか。遺跡としては未だ明らかとなっていない。先の足利説、もしくは新たなルートの可能性も含めて検討する必要が生じた。

東海道跡では、遺跡の状況から八世紀中頃にはすでに機能していたとみられる。また、栗太郡衙である岡遺跡が東海道に近接して存在することから、栗太郡衙造営当初期までさかのぼる可能性もある。つまり、長岡京遷都にともなうルート変更以前からここに道路が存在していたということとなる。広域交通路としては、湖南地域から甲賀郡を経て伊賀・伊勢方面へ抜けるものが存在していたことは、壬申の乱における「倉歴道《くらふのみち》」などから容易に想定できる。もともと存在していた広域交通路が、遷都にともない「東海道」という格を与えられ、駅家の設置など再整備されたものがこの近江国の東海道ではなかろうか。

東山道・東海道の道路遺構を問わず、その形態には大溝状となるものと、単に両側溝のみを備えるものの二タイプに分かれる。その理由としては、敷設された地形のあり方に起因するものと思われる。つまり大溝状を呈する道路遺構がみつかった遺跡の立地をみると、そこは丘陵裾部にあたり、緩やかな傾斜が連続するような地形となっている。そのため、高い部分をカットして敷設したため大溝状といわれるようなものとなったのではあるまいか。反対に起伏が少ないところでは両側溝の掘削だけでよかったのかもしれない。ただし、これはあくまでも推測で、詳細な検討をおこなっていく必要がある。

草津・栗東両市をはじめ大津市瀬田地域では、県内でも発掘件数が多く、これからも古代官道の遺構をはじめ、それにかかわるような施設が見つかる可能性は極めて高い。今後の発見に期待をしていきたい。

参考文献
足利健亮『日本古代地理研究』大明堂　一九八五年
内田保之「近江国」『日本古代道路事典』八木書店　二〇〇四年
谷口智樹「草津市追分・矢倉周辺における奈良・平安時代の遺跡の動向について」『条里制古代都市研究』通巻一四号　条里制古代都市研究会　一九九八年
※遺跡の発掘調査報告書は割愛した。

講演2

栗太郡の郡司と古代豪族

元滋賀県立安土城考古博物館学芸課長　大橋信弥

こんにちは、大橋でございます。もう今から四十年ほど前、もっと前となりますか。私が文化財の仕事を始めた最初のころですね。守山市の服部《はっとり》遺跡など、発掘に明け暮れる日々でした。それと並行して栗東市や草津市でも、かなり発掘させていただきました。椿山古墳や手原遺跡のほか、野《の》路《じ》小《お》野山《のやま》遺跡や矢倉口《やぐらくち》遺跡、岡田追分《おかだおいわけ》遺跡など、本日の話題にのぼった遺跡の調査にも関わりました。非常に懐かしく感じております。ただ、今日は発掘の話ではなくて、文献史料により、栗太郡衙とそれを支えていた役人＝郡司に任命された人々の話をさせていただきたいと思います。

文献からみた栗太郡衙の所在地

まず最初に、岡遺跡が郡衙だということは、これまでのお話で間違いないということですから、

資料1

『和名類聚抄』

栗本郡

物部《毛乃倍》　治田《発多》　木川《木乃加波》　勢多

梨原《奈之波良》

資料2　郡の役所の職員数

		大郡《だいぐん》	上郡《じょうぐん》	中郡《ちゅうぐん》	下郡《げぐん》	小郡《しょうぐん》
郡司	大領	1	1	1	1	1
	少領	1	1	1	1	−
	主政	3	2	1	−	−
	主帳	3	2	1	1	1
	小計	8	6	4	3	2
主な徭丁		94	89	85	82	−
合計		102	95	89	85	2

それを証明する必要はまったくないのですが、文献からみた場合、栗太郡の郡役所の位置はどのように考えられるのか、少しふれておきたいと思います。これらは、前から指摘されている史料なのですが、私が作成しました資料の番号順に説明させていただきます。

資料1には『倭名類聚抄《わみょうるいじゅしょう》』の栗太郡の郡名と郷名を引用しています。そこに「栗本郡」とありますように、「栗太」と書いて「くりもと」と読みます。栗太郡の郷は意外と少なく五郷だけです。物部《ものべ》、治田《はた》、木川《きのかわ》、勢多《せた》、梨原《なしはら》の五郷です。律令の規定では、郡の規模は「下郡《げぐん》」となり、小さな郡となりますが、私は、実態としては、けっこう大きな郡じゃないかと思っております。

下郡の、どこがどう違うかというと、**資料2**の表にありますように、郡司の正規職員数が、大郡・中郡に比べ少ないのです。栗太郡の場合は、大領、少領と主帳の各一人が正規の職員で、「主政」は置かれていません。このほかの役人としては、小笠原先生のお話にもありました「徭丁《ようてい》」があります。非正規の雑用に当たる人で、下郡では八二人で、全体では八五人ということになります。

そこで、栗太郡の郡役所（郡衙）のあった場所をうかがわせる史料が、資料3の『太神宮諸雑事《だいじんぐうしょぞうじ》記《き》』です。これは、伊勢神宮の記録で、平安時代後期の康平六年（一〇六三）二月の部分です。神宮で行われる祈年祭に際し、勅使《ちょくし》が朝廷から派遣された途次に起きたトラブルのことが、詳しく書

資料3

『太神宮諸雑事記』康平六年（一〇六三）二月条

同六年。二月。祈念祭使少副元範參下。抑件祭ニ勅使參入。豊受太神宮宣命詔刀畢天。直會三献始之間高宮内人申云。高宮御幣請取天。只今奉二拜見一之處。生絹乃御幣一色ハ。片端令二燒損一給也者。乍レ驚召二問神部執幣衛士等一之處申云。近江國栗太郡乃貫主之宅ニハ。勅使乃御供給房裝束等儲タリ。治田郷専當之許ニハ。神部衛士等加料儲也。仍進向彼所天御幣ヲハ門内乃桑上捧置天。假屋之内可レ奉レ宿。御幣ヲハ御棚可レ造之由。令レ仰二知下人等一之間。不意火事出來天燒亡了。乍レ驚官幣ヲハ荷持天退去巳了。仍任二實正一在郡司等進二其由申文一也。更件官幣何可二大厄侍一哉者。太神宮官幣奉納之間無事也。注二此由一勅使上奏之處。被レ下二宣旨一偁。件燒亡事使巳逗二留途中一天。言二上事由一可レ隨二裁定一也。不問事參宮尤有レ怠也。仍進二怠狀一了。但以二同月五日一。差二使少祐大中臣輔長等一。件御幣被二替進一巳了。

かれています。内容の検討に移る前に、この時に勅使が通った道について見ておきたいと思います。京から伊勢に向かっているのですから、当然東海道《とうかいどう》です。東山道《とうさんどう》（中山道《なかせんどう》）は、草津宿からまっすぐ北に向かいますが、岡田さんの話にありましたように、東海道は図にある近世東海道ではなく、追分付近で分岐して、矢倉口遺跡、岡田追分遺跡、大将軍遺跡などを経由して、岡遺跡、手原遺跡のほうへ向かっていたとみられます。平安時代の東海道は、いずれにしても、栗太郡の郡役所付近を通過していることは、ほぼ間違いないと思います。

そこで、『太神宮諸雑事記』の内容ですが、伊勢神宮に着いた勅使は、職務を終えたあと、伊勢神宮の宮司から、勅使が奉納した「御幣」の片端が焼損していると指摘されたのです。驚いた勅使は、その原因を調べるため、「御幣」を運んだ「衛士《えじ》」に尋問したところ、「近江国栗太郡乃貫首之宅」には、勅使の「ご供給房装束」等が置かれ、「治田郷専当之許」には、「衛士」等の「加料」が置かれていた。そして、仮屋に置かれていた「御幣」が、不意の火事で焼亡したことが明らかになったというのです。やや難解ですが、問題となるのは、「近江国栗太郡乃貫首之宅」と「治田郷専当之許」という記載です。「栗太郡乃貫首」は、郡役所のトップで、郡司の館か郡大領の私宅でしょう。「治田郷専当」も治田郷のトップということで郷長の私宅とみられます。必ずしも郡役所の位置を指示するものではありませんが、郡大領・郷長の居宅が「治田郷」に所在したのはまず確実で、「治田郷」に郡衙のあったことは間違いないといえるでしょう。

治田郷の比定地については、さまざまな意見がありますが、『倭名類聚抄』は「はるた」ではなく「はた」と読んでいます。栗東町が発足する前の「治田村《はるた》」の名称は、史料に基づくものではなく、ひとつの解釈なのです。ただ、これが結構当たっていると、私は思っております。栗太郡の郷の所在地については、資料4を参照して説明します。栗太郡の全域の図で、式内社・古社と河川が記載されています。仮に私が郷名を括弧《かっこ》に入れて記入しています。野洲川左岸の、高野神社・勝部神社・大宝神社のあるあたりが、物部郷とみられます。このあたりは、御存知のように、旧の物部村ということで、現在は守山市に編入されています。ですから、弥生時代の伊勢遺跡も、実は栗太郡で、野洲郡ではないのです。物部郷に関しては、たくさんお話ししたいことがあるのですが、時間もないのでこの辺にしておきます。

そして、先ほどお話ししましたように、小槻《おつき》大社のあたりが、治田郷になります。草津川と書いてある湖辺一帯が木川郷で、遺称地もあります。勢多郷も、旧瀬田村で、遺称地があります。瀬田川までの広い範囲になると思います。現在は大津市に編入されています。そこに近江一宮《いちのみや》の建部《たてべ》大社があることは、注意されます。残る梨原郷が一番わかりにくいのですけれど、治田郷と勢多郷の間に空白があり、梨原駅家の遺称地が後の野路駅と関わるなら、野路あたりに推定するほかありません。

資料４　栗太郡の古社と郷の位置

郡司の出自と任命方法

さて、郡司の仕事や役割については、小笠原先生が、詳しくふれておられますので、私は、郡司の出自や任命方法と律令国家における役割について、少し補足をさせていただきます。資料5・6をご覧ください。

ここには、「養老律令《ようろうりつりょう》」の郡司に関する規定のほんの一部を集めてあります。まず、律令国家を構成する組織や職員の定数と、その役割や給与などが、事細かく規定されています。資料5の職員令第二の郡司の職掌と定数を規定した部分で、大・上・中・下・小の五ランクの正規職員数と、大領・少領・主政・主帳のそれぞれの役割が書かれています。先にお話ししたように、下郡の栗太郡の定数は大領・少領・主帳の各一人です。大領は「所部の撫養《しょぶのむよう》」、郡全体の行政を管理します。少領もそれに准じるということですね。主政と主帳に関しては、ともにいわゆる文書の作成など、書記的な職能を果たすということで、一方がいなくても、郡の事務はだいたい回るということです。資料6は選叙令第十二の郡司条で、郡司の採用基準が書かれています。そこにありますように、大領・少領は、「地方公務員」のトップですから、まず清廉潔白が第一で、能力があること、主政・主帳は、体力があり文書作成・会計に巧みな者としています。

ただ、最後の部分に小文字で注があり、「其れ大領、少領、才用《ざいよう》同じくは、先《ま》づ国造《こくぞう》を取れ」と

資料5

『養老律令』職員令第二　大郡・上郡・中郡・下郡・小郡条

大郡《だいぐん》
大領《だいりやう》一人。掌らむこと、所部《しょぶ》を撫養《むやう》せむこと、郡《ぐん》の事検《ことかむが》へ察《み》むこと。余の領此に准へよ。少領《せうりやう》一人。掌らむこと大領に同じ。主政《しゅしやう》三人。掌らむこと、郡内《ぐんない》を糺《ただ》し判《ことわ》らむこと、文案《もんあん》を審署《しんじょ》し、稽失《けいしち》を勾《かむが》へ、非違《ひゐ》を察《み》むこと。余の主政此に准へよ。主帳《しゅちやう》三人。掌らむこと、事を受《うけたまは》りて上抄《じゃうせう》せむこと、文案《もんあん》を勘署《かむじょ》し、稽失《けいしち》を検《かむが》へ出《いだ》し、公文《くうもん》読《よ》み申《まう》さむこと。余の主帳此に准へよ。
上郡《じゃうぐん》
大領《だいりやう》一人。少領《せうりやう》一人。主政《しゅしやう》二人。主帳《しゅちやう》二人。
中郡《ちうぐん》
大領一人。少領一人。主政一人。主帳一人。
下郡《げぐん》
大領一人。少領一人。主帳一人。

但し書きが付けられています。ここでいう国造とは、律令時代以前の地方の支配者のことで、国造クラスの地元有力者のことですので、いわばコネ、前歴を考慮せよということになります。全国支配をすすめる政府にとって、それまで地方を支配してきた有力者の協力は必須のことだったのです。諸国を治める国司は中央政府から派遣され、数年勤務したのち、中央に戻るか、別の任地に転勤し、どんどん官位も地位も上がっていきますが、郡司は一度任命されると、終身その地位にとどまります。少領・主政・主帳は、うまくいけば大領まで昇進しますが、大領は死ぬまで大領のままです。大領が死んだら、先に小笠原先生が話されましたように、同じ郡の有力者から選ばれることもあります。ここでは郡司が終身の

小郡《せうぐん》
領一人。主帳二人。
軍団《ぐんだん》
大毅《だいぎ》一人。掌らむこと、兵士《ひやうじ》を検校《けむげう》せむこと、戎具《にうぐみ》充て備《そな》へむこと、弓馬《くめ》調習《でうじふ》せむこと、陳列《ちんれち》を簡閲《けんえち》せむ事。少《せう》毅《ぎ》二人。掌らむこと大毅に同じ。主帳《しゆちやう》一人。校尉《けうゐ》五人。旅帥《ろそち》十人。隊正《たいしやう》廿人。

資料6

『養老律令』選叙令第十二　郡司条

凡そ郡司《ぐんじ》には、性識《しやうしき》清廉《せいれむ》にして、時の務《つとめ》に堪へたらむ者《ひと》を取りて、大領《だいりやう》、少領《せうりやう》と為《せ》よ。強《こは》く幹《つよ》く聡《そう》敏《びん》にして、書計《しょけい》に工《たくみ》ならむ者《ひと》を、主政《しゆしやう》、主帳《しゆちやう》と為よ。其れ大領には外従八位上、少領には外従八位下に叙せよ。其れ大領、少領、才用《ざいよう》同じくは、先づ国造《こくぞう》を取れ。

官とされていることが非常に重要な点だと思います。

次の資料7～9は、『続日本紀《しょくにほんぎ》』にみえる郡司の任命と運用の実態を、具体的に記述したものです。最初の天平七年（七三五）五月二十一日条（資料7）には、「国擬《こくぎ》を除く外《ほか》に」とありますが、「国擬」とは、国司が郡司候補を選んで、中央政府（式部省）に推薦状を出すことで、候補は上京して面接を受けて、問題なければ郡司に任命されるのです。

国司が決めた人物のほかに、ここでは、孝徳朝のいわゆる「立郡」（国郡制の成立）以降「譜代重大」とされる家から、四、五人を選んで推薦しなさい。それがない場合は、優秀な人材があれば別に添え状を付して報告するように、全国の国司に命じたも

資料7

『続日本紀』天平七年五月二十一日条
丙子《二十一日》、制《せい》すらく、「畿内《きない》・七道《しちだう》の諸国《くにぐに》は、国擬《こくぎ》を除《のぞ》く外《ほか》に、別《べち》に難波朝廷《なにはのみかど》より以還《このかた》の譜代重大《ふだいぢうだい》なる四五人を簡《えら》ひて副《そ》ふべし。如《も》し譜代《ふだい》无《な》しと雖《いへど》も、身《み》の才倫《ざいひと》に絶《すぐ》れ、并《あは》せて労効《ろうこう》衆《しゆう》に聞《きこ》えたる者《ひと》有らば、別《べち》に状《じやう》を亦副《またそ》へて、並《ならび》に朝集使《でうじふし》に附《さづ》けて申《まう》し送《おく》れ。その身《み》は十二月一日を限《かぎ》りて、式部省《しきぶしやう》に集めよ」といふ。

資料8

『続日本紀』天平十一年五月二十三日条
五月《壬申朔》甲寅《二十三日》、詔《みことのり》して曰《のたま》はく、「諸国《くにぐに》の郡司《ぐんじ》は徒《いたづら》に員数《かず》多《おほ》くして、任用《にむよう》に益《えき》無く、百姓《はくせい》を侵《をか》し損《そこな》ひて蠹《と》あること実《まこと》に深《ふか》し。仍《より》て旧《もと》の員《かず》を省《はぶ》きて改《あらた》め定《さだ》む。大郡《だいぐん》には大領《だいりやう》・少領《せうりやう》・主政《しゆしやう》各《おのおの》一人、主帳《しゆちやう》二人。上郡《じやうぐん》には大領・少領・主政・主帳各《おのおの》一人。中郡《ちうぐん》には大領・少領・主帳各《おのおの》一人。下郡《げぐん》も亦《また》同じ。小郡《せうぐん》には領《りやう》・主帳《しゆちやう》各《おのおの》一人」とのたまふ。

のです。要するに国司の独断を排して、郡司候補の拡大を図ったものです。

それだけ郡司の任用に、国司の権限が強かったことを示しています。**資料8**は郡司定数の削減を命じたもので、行政改革を示しています。**資料9**は、大領・少領の推薦は、国司だけでなく、史生以上の全員の合意で決めるように命じたもので、「国擬」を改定して、国司の独走を止めようとしたものと考えられます。

ところが、次の天平勝宝元年（七四九）二月二十七日条（**資料10**）では、郡司の任用が才用主義に片寄って、弊害が出ており、これを改めて「立郡」以来の「譜代重大」の家を選

資料9

『続日本紀』天平十四年五月二十七日条

庚午《二十七日》、制《せい》すらく、「凡《おほよ》そ、郡司《ぐんじ》の少領《せうりやう》已上に擬《あ》てむには、国司《こくし》の史生《ししやう》已上、共《とも》に知りて簡《えら》ひ定《さだ》めよ。必《かなら》ず当郡《そのこほり》の推服《すいふく》し、比郡《ひぐん》の知《し》り聞《き》ける者《ひと》を取《と》れ。司毎《つかさごと》に員《かず》に依《よ》りて貢挙《ぐうこ》せよ。如《も》し顔面《おもね》りて濫《みだり》に挙《こ》することを有らば、当時《そのとき》の国司《こくし》、事《こと》に随《したが》ひて科決《くわくゑつ》せよ。また、采女《うねめ》は今《いま》より以降《のち》、郡毎《こほりごと》に一人貢進《たてまつ》れ」といふ。

資料10

『続日本紀』天平勝宝元年二月二十七日条

壬戌《二十七日》、勅《みことのり》して曰《のたま》はく、「頃年之間《このころ》、郡領《ぐんりやう》を補任《ぶにむ》するに、国司《こくし》先《ま》づ譜第《ふだい》の優劣《いうれつ》、身才《しんざい》の能不《のうふ》、舅甥《きうせい》の列《れつ》、長幼《ちやうえう》の序《じよ》を検《けむ》して、擬《あ》てて省《しやう》に申《まう》す。式部《しきぶ》更《さら》に口状《こうじやう》を問《と》ひ、勝否《しようひ》を比校《ひけう》し、然《しか》して後《のち》に選任《せんにむ》す。或《ある》は譜第軽《ふだいかろ》しと雖《いへど》も労《らう》を以《もち》て薦《すす》め、或《ある》は家門重《かもんおも》し

んで、「嫡々相継」すなわち直系主義で選ぶことを命じています。譜代主義に逆戻りしているのです。

このように国司と郡司は微妙な力関係にあったことがわかります。つまるところ国司は郡司の協力なしに地域支配を貫徹できなかったのですが、いっぽう国司による郡司の統制もおろそかにできないという、ジレンマにあったということです。郡司の中には、年長になり官位が国司より高くなることがあるのですが、下馬《げば》の礼《れい》とされるように、乗馬して二人が出会った場合、郡司は馬から降り、跪いて敬礼の姿勢を示さねばならなかったのです。

いっぽう郡司には、政府から優遇されることもありました。職田《しきでん》という郡司職にともなう水田の所有で、大領には六町の職田

と雖《いへど》も拙《せつ》を以《もち》て却《しりぞ》く。是《これ》を以《もち》てその緒《しょ》一に非《あら》ず、その族門《ぞくもん》多《おほ》く、苗裔《べうえい》尚《なほ》繁《しげ》く、濫訴《らむそ》次《つぎて》無し。各《おのおの》欲《ほり》せるに迷《まよ》ひて礼義《れいぎ》を顧《かへり》みず。孝悌《かうてい》の道《みち》既《すで》に衰《おとろ》へて、風俗《ふうぞく》の化《おもぶけ》漸《やや》く薄《うす》し。朕《われ》窃《ひそか》に思《おも》い量《はか》るに、理《ことわり》然《しか》るべからず。今《いま》より已後《のち》、前《さき》の例《ためし》を改《あらた》め、郡《こほり》を立《た》てしより以来《このかた》の譜第《ふだい》重大《ぢうだい》の家《いへ》を簡《えら》ひ定《さだ》め、嫡々《ちゃくちゃく》相《あひ》継《つ》ぎて、傍親《ばうしん》を用《もち》ゐること莫《な》からしむべし。終《つひ》に争《さう》訟《しょう》の源《みなもと》を絶《た》ちて、永《なが》く窺窬《きゆ》の望《のぞみ》を息《や》めむ。若《も》し嫡子《ちゃくし》に罪疾《ざいしつ》と時務《じむ》に堪《た》へぬことと有らば、立《た》て替《か》ふること令《りゃう》の如《ごと》し」とのたまふ。

が与えられていました。大国の国守でも、受け取れる職田は二町六段《たん》ですから、かなりの優遇と言えます。律令以前には、もっと多くの水田を所有していたと思われますから、郡司の力は侮《あなど》れないのです。

郡司の実態を示す史料は少ないのですが、大宝二年（七〇二）の「西海道戸籍」が残っていまして、九州の筑前国嶋《ちくぜんのくにしま》郡、現在の福岡県糸島《いとしま》半島にあった嶋郡の大領、肥君《ひのきみの》猪手《いて》の戸籍全体が残されています。それによりますと、猪手の「家族」は、亡父の後妻・四人の妻・妾とその子・孫、猪手の兄弟姉妹、その妻・子・孫などのほか、「寄口《きこう》」と呼ばれる遠縁の同居人・奴婢《ぬひ》など一二四人にのぼる大家族です。そのうち奴婢は三七人もいました。奴隷にも口分田《くぶんでん》が班給されますので、猪手は職田のほかに膨大な水田を所有していたのです。栗太郡の大領とみられる小槻山君《おつきやまのきみ》の場合も、同様に大きな財力をもっていたと思われます。このように郡司は、律令体制の中では、かなり特異な性格をもつ存在であることがわかります。このことは、古代史の研究者のなかで、従来から議論されてきたことですが、中央集権的な官僚社会のなかでは、かなり異質な存在であり、それを郡司の「非律令的な性質」と呼んでいるのです。中国で完成した当時最先端の律令体制を導入した日本においては、いまだそれ以前の地域支配のシステムをすべて解体しないで、基底におかざるをえなかったといえるでしょう。

栗太郡の古代豪族

ここまでは、郡司のうちでもその長官・次官の大領・少領について、少し詳しく見てきましたが、それに次ぐ主政や主帳に任命された、いわば中小の豪族についても、みてみたいと思います。次の**資料11**は、古代の文献にみえる栗太郡の古代豪族の氏名をすべて集成した一覧表になります。文字が小さくて申し訳ないのですが、これでも栗太郡の古代人名は、近江のほかの郡に比べかなり少ないのです。もともと地方の状態を伝える史料が少ないのは、珍しいことではありませんので、残っているだけで有力な豪族だったといえるのです。

その中で手原遺跡出土木簡に多くの人名が見えますが（**写真1**）、これは条件が良かったからで、地下水が豊富で、干からびないで発見されたという幸運に恵まれたということです。それを司会をされている佐伯英樹さんが、木簡と認識して手早く取り上げてくれたおかげなのです。実は、私はこのところ非常にラッキーでして、次々と新しい出土文字資料の発見があり、従来知られていなかった、この地域の歴史を調べる手がかりを得られたからです。

資料11

栗太郡の古代人名一覧

氏名	出典	年紀	出身・身分	官位	記事	その他
小月之山君	『古事記』	垂仁天皇段			垂仁皇子 落別王の後	
小槻山君広虫	『正倉院文書』二	天平八・八・二十六	栗太采女	従八位上	後に正八位下・外従五位上・従四位下	七三六
小槻山公家嶋	『続日本後紀』	嘉祥二・七・二十七	栗太郡人 木工大工	正七位上	興統公を賜姓 左京五條三坊に移貫	八四九
小槻山公広宅	『日本三代実録』	貞観五・正・八	(栗太采女)	外従五位下	角山公成子らと共に授位	八六三
小槻山公今雄	『日本三代実録』	貞観十五・十二・二	栗太郡人左大史兼算博士	正六位上	左京四條三坊に移貫	八七三
小槻山公有緒	『日本三代実録』	貞観十五・十二・二	栗太郡人 主計算師	大初位下	左京四條三坊に移貫	八七三
小槻山公良真	『日本三代実録』	貞観十七・十二・二十七	栗本郡人 前伊豆権目	正六位上	今雄・有緒と共に阿保朝臣を賜姓	八七五
阿保朝臣経覧	『古今和歌集目録』(『群書類従』第十六輯)	延喜五・正・一一	左大史兼行算博士	正六位上		九二五
阿保朝臣実方	『二中歴』(『改訂史籍集覧』第二三冊)		算博士			
小槻臣	『新撰姓氏録』左京皇別				垂仁皇子 於知別命の後	
小槻宿禰當平	『類聚符宣抄』第六	延喜二三・正・二九	左少史		外記代となる	九二三
小槻宿禰茂貫	『類聚符宣抄』第九	延長七・四・一七	筭得業生		博士となる	九二九
小槻宿禰茂助	『類聚符宣抄』第九	天慶八・四・一一	修理少属	正六位上	當平の男 筭道成業の労により修理少属に	九四五
小槻宿禰糸平	『類聚符宣抄』第九	天暦八・六・一九	主税頭・筭博士・越後権介	従五位上	主計頭・筭博士を歴任	九五四
小槻宿禰陳群	『類聚符宣抄』第九	天暦一〇・一二・一九	筭得業生		糸平の男	九五六
建部君	『古事記』	景行天皇段			倭建命の子 稲依別王の後	
武部君	『日本書紀』	景行五十一・八・四			日本武尊の子 稲依別王(始祖)	
建部公伊賀麻呂	『続日本紀』	天平神護二・七・二十六	志賀団大毅	少初位上	朝臣を賜姓	七六六
建部公	『新撰姓氏録』右京皇別下				犬上朝臣同祖 日本武尊の後	
建部公人上	『続日本紀』	天平宝字八・一〇・二八	因幡掾	外五位下	朝臣を賜姓(一五人)	七六四
建部朝臣人上	『続日本紀』	延暦三・十一・二十一	武蔵介	従五位上	阿保朝臣を賜姓(始祖息速別皇子)	七八四

建部公黒麻呂	『続日本紀』	延暦三・十一・二十一			阿保公を賜う	七八四
阿保朝臣廣成	『日本後紀』	延暦十八・五・二十六				七九九
阿保朝臣永善	『続日本後紀』	承和十一・正・七				八四四
阿保朝臣	『新撰姓氏録』右京皇別下				垂仁皇子息速別命の後（伊賀国阿保村）	
川瀬舎人	『日本書紀』	雄略十一・五・一			栗太郡谷上濱	
勾連渚	『十里木簡』第1号	乙酉年四月一日	大夫		召文木簡	六八五
廣田連	『手原木簡』第3号					八世紀
赤染造	『手原木簡』第4号					八世紀
坂本麻呂	『手原木簡』第6号					八世紀
辛国連左□	『手原木簡』第7号					八世紀
辛国家麻呂	『手原木簡』第9号					八世紀
廣津	霊仙寺・綣遺跡墨書土器				二点	八世紀
物部氏	『金胎寺所蔵阿弥陀三尊像像内墨書造像銘』	永治二・五			造立結縁者	一一四二
笠氏	『金胎寺所蔵阿弥陀三尊像像内墨書造像銘』	永治二・五			造立結縁者	一一四二
吉見氏	『金胎寺所蔵阿弥陀三尊像像内墨書造像銘』	永治二・五			造立結縁者	一一四二
月本氏	『金胎寺所蔵阿弥陀三尊像像内墨書造像銘』	永治二・五			造立結縁者	一一四二
磐城村主殷	『日本書紀』	天智三・十二・是月	栗太郡人			六六四
上村主楯万呂	『正倉院文書』五	天平宝字六・八・二十七	栗太郡人	従八位下	造東大寺司画師（「造石山院所労劇帳」）	七六二
大友日佐椋麻呂	『正倉院文書』二五	天平十七・六・十五	栗太郡木川郷戸主		（優婆塞貢進文）	七四五
志何史堅魚麻呂	『正倉院文書』二五	天平十七・六・十五	栗太郡木川郷戸口	（年二十）	（優婆塞貢進文）	七四五
出雲臣覇邇売	『正倉院文書』一	神亀三年	和銅五年逃近江国栗太郡	（年五十八）	丁女（山背国愛宕郡出雲郷雲下里計帳）	七二六
春日部主村麻夜売	『正倉院文書』一	神亀三年	和銅五年逃近江国栗太郡	（年三十三）	丁女（山背国愛宕郡出雲郷雲下里計帳）	七二六

写真1　手原遺跡出土木簡

つい最近では、霊仙寺《りょうせんじ》・綣《へそ》遺跡から出土した墨書《ぼくしょ》土器の二点に、「廣津」（写真2）という文字があります。これは「ひろつ」ではなく「ひろきつ」と読むのですが、河内国渋川《かわちのくにしぶかわ》郡の地名です。そこに住む多くの豪族が氏名《うじな》としており、栗太郡と「河内」の交流を示す重要な資料であることがわかりました。ここでは、時間もないので、あらためてお話する機会をもちたいと思います。

この**資料11**の表にズラリと並んでいる小槻山君については、今から三〇年以上前になりますが、『栗東の歴史』が編纂されました時に、駆け出しでしたけど、私も執筆者の一人に加えていただき、小槻山君について、かなり詳しく勉強させていただきました。その後も地元で何回か栗太郡の古代豪族の代表として、お話をさせていただいておりますので、本日は要約して話させていただきます。

小槻山君という氏名《うじな》は、やや変わった名前で

写真2　墨書土器「廣津」
（栗東市霊仙寺・綣遺跡）

す。小槻は特に問題ありませんが、山君《やまのきみ》というのが、ちょっと変ですね。「君」というのは、カバネで天皇が古代の豪族に与えた、ランク付けのようなものです。先ほど見た「肥君」のように、普通、地方豪族に多いもので、「公」と表記することもあります。小槻山君の場合は、ただの「君」ではなく、それに「山」が付いていて、やや異質なのです。このことを話しますと長くなりますので、別の機会といたします。その下に「建部公」が並んでいますが、建部公の場合も、同じ「公」姓ですから、小槻山君に準ずる有力な豪族であったと思います。建部公については、後ほどお話しいたします。

実はこの一覧表は、こうしたカバネのランク順にいちおう並べています。小槻山君と建部君より下には、川瀬舎人《かわせのとねり》や広田連《ひろたのむらじ》、赤染造《あかそめのみやつこ》など、人名のみ伝わる豪族が並んでいます。このあたりは、実態のわからないものも少なくないので、中小氏族と仮に呼んでおります。この中小氏族には、もともと日本列島に出自する在来の氏族と、海外から移住してきた渡来系の氏族があります。こうした中小氏族をすべて一つずつみていく余裕はありませんので、これも省略するほかありませんが、こうした豪族から、主政・主帳が任命されたのではないかと考えております。残念ながら、栗太郡の場合、郡司に官職名をつけた人名は、今のところ史料に見えません。

小槻山君につきましては、**資料12・13**にまとめています。**資料12**は小槻山君が、『古事記』に見える唯一の史料です。『日本書紀』には、記述がありません。『古事記』の垂仁《すいにん》天皇段で、天皇の妃と生まれた皇子女の名と、若干の事績が見えています。そして妃の出身氏族や皇子女の子孫と主張する氏族名も書かれています。これを系図化したのが**資料13**となります。上から大きく三段になっていますが、三段目の左から七行目に落別王《おちわけのみこと》というのがみえます。落別王の下に括弧があって、「小月之山君・三川之衣君之祖ゾ」とあります。これにより、小槻山君の始祖が、垂仁天皇の皇子落別王であることがわかります。「小月之山君」と書いてあるので、「小槻山の君」ではなく「小槻の山

資料12

『古事記』垂仁天皇段

伊久米伊理毗古伊佐知命《いくメいりびこいさちノみコト》、師木《しキ》ノ玉垣宮《たまがきノみや》に坐《いま》して、天下《あメノした》治《しらしめ》しき。此《こ》ノ天皇《すめらみコト》、沙本毗古命《さほびこノみコト》之《が》妹《いロも》、佐波遅比売命《さはぢひめノみコト》に娶《みあひ》して、生《う》みませる御子《みこ》、品牟都和気命《ほむつわケノみコト》。〈一柱《ひトはしら》。〉又《また》、旦波比古多ゝ須美知《たにはノひこたたすみちノ》宇斯王《うしノおほきみ》之《ノ》女《むすめ》、氷羽州比売命《ひばすひめノみコト》に娶《みあひ》して、生《う》みませる御子《みこ》、印色之入日子命《いにしきノいりひこノみコト》。〈印色ノ二字は音《コヱ》を以《モチ》ゐる。〉次《つぎ》に、大帯日子淤斯呂和気命《おほたらしひこおしロわケノみコト》。〈淤自《よ》り気至《ま》でノ五字は音《コヱ》を以《モチ》ゐる。〉次《つぎ》に、大中津日子命《おほなかつひこノみコト》。次に、倭比売命《やまトひめノみコト》。次に、若木入日子命《わかキいりひこノみコト》。〈五柱《いつはしら》。〉又《また》、其《ソ》ノ氷羽州比売命《ひばすひめノみコト》之《ノ》弟《おト》、沼羽田之入毗売命《ぬばたノいりひめノみコト》に娶《みあひ》して、生《う》みませる御子《みこ》、沼帯別命《ぬたらしわケノみコト》。次《つぎ》に、伊賀帯日子命《いがたらしひこノみコト》。〈二柱《ふたはしら》。〉又《また》、其《ソ》ノ沼羽田之入日売命《ぬばたノいりひめノみコト》之《ノ》

弟《おト》、阿耶美能伊理毘売命《あさみノいりびめノみコト》に娶《みあひ》して、〈此《コ》の女王《ひめみこ》ノ名《な》は音《コヱ》を以《モチ》ゐる。〉生《う》みませる御子《みこ》、伊許婆夜和気命《いコばやわけノみコト》。次に、阿耶美都比売命《あさみつひめノみコト》〈二柱《ふたはしら》。此《コ》ノ二《ふた》はしらノ王《おほきみ》ノ名《な》は音《コヱ》を以《モチ》ゐる。〉又《また》、大箇木垂根王《おほつつキたりねノおほきみ》之女《ノむすめ》、迦《か》具夜比売命《ぐやひめノみコト》に娶《みあひ》して、生《う》みませる御子《みこ》、袁耶弁王《をざべノおほきみ》。〈一柱《ひとはしら》。〉又《また》、山代大国之淵《やましロノおほくにノふち》之女《がむすめ》、苅羽田刀《かりはたと》弁《べ》〈此《コ》ノ二字は音《コヱ》を以《モチ》ゐる。〉に娶《みあひ》して、生《う》みませる御子《みこ》、落別王《おちわケノおほきみ》。次《つぎ》に、五十日帯日子王《いかたらしひこノおほきみ》。次《つぎ》に、伊登志別王《いトしわケノおほきみ》。〈伊登志ノ三字は音《コヱ》を以《モチ》ゐる。〉又《また》、其《ソ》ノ大国之淵《おほくにノふち》之女《がむすめ》、弟苅羽田刀弁《おトかりはたとべ》に娶《みあひ》して、生《う》みませる御子《みこ》、石衝別王《いはつくわケノおほきみ》。次に、石衝毘売命《いはつくびめノみコト》、亦《また》ノ名《な》は布多遅能伊理毘売命《ふたぢノいりびめノみコト》。〈二柱《ふたはしら》。〉凡《おほよ》そ、此《こ》ノ天皇之御子等《すめらみコトノみこたち》、十六《トをあまりむ》はしらノ王《みこ》。〈男王《ひこみこ》十三《トをあまりみ》はしら、女王《ひめみこ》三《み》はしら。〉故《かれ》、大帯日子淤斯呂和気命《おほたらしひこおしろわケノみコト》者《は》、天下《あメノした》治《しらしめ》しき。〈御身《みミ》ノ長《たケ》、一丈二寸《ひトつゑふたき》、御脛《みはぎ》ノ長《なが》さ、四尺一寸《ヨさかひトき》ソ。〉次《つぎ》に、印色之入日子命《いにしきいりひこノみコト》者《は》、血沼池《ちぬノいけ》作《つく》り、又《また》、狭山池《さやまノいけ》作《つく》り、又《また》、日下之高津池《くさかノたかつノいケ》作《つく》りたまひき。又《また》、鳥取之河上宮《トとりノかはかみノみや》に坐《いま》して、横刀《たち》壱仟《ち》口《ふり》作《つく》ら令《し》メ、是《コレ》を石上神宮《いそノかみノかむみや》に納《をさ》メ奉《まつ》りて、即《すなは》ち其《ソ》ノ宮《みや》に坐《いま》して、河上部《かはかみべ》を定《さだ》メたまひき。次《つぎ》に、大中津日子命《おほなかつひこノみコト》者《は》、〈山辺之別《やまノへノわケ》・三枝之別《さきくさノわケ》・稲木之別《いなキノわケ》・阿太之別《あたノわケ》・尾張国之三野別《をはりノくにノみのノわケ》・吉備之石无別《きビノいはなしノわケ》・許呂母之別《コロモノわケ》・高巣鹿之別《たかすかノわケ》・飛鳥君《あすかノきみ》・牟礼之別《むれノわケ》等《ら》が祖《おや》ソ。〉次《つぎ》に、倭比売命《やまトひめノみコト》者《は》、〈伊勢《いせ》ノ大神《おほかミ》ノ宮《みや》を拝《いつ》き祭《まつ》りたまひき。〉次《つぎ》に、伊許婆夜和気王《いコばやわケノおほきみ》者《は》、〈沙本《さほ》ノ穴太部之別《あなほべノわケ》が祖《おや》ソ。〉次《つぎ》に、阿耶美都比売命《あざみつひめノみコト》者《は》、〈稲瀬毘古王《いなせびこノおほきみ》に嫁《とつ》ぎたまひき。〉次《つぎ》に、落別王《おちわケノおほきみ》者《は》、〈小月之山君《をつキノやまノきみ》・三川之衣君《みかはノコロモノきみ》之祖《がおや》ソ。〉次《つぎ》に、五十日帯日子王《いかたらしひこノおほきみ》者《は》、〈春日《かすが》ノ山君《やまノきみ》・高志《こし》ノ池君《いケノきみ》・春日部《かすがべ》之祖《がおや》ソ。〉次《つぎ》に、伊登志和気王《いとしわケノおほきみ》者《は》、〈子《こ》无《な》きに因《ヨ》り而《て》、子代《みこしロ》ト為《し》て伊登志部《いトしべ》を定《さだ》メたまひき。〉次《つぎ》に、石衝別王《いはつくわケノおほきみ》者《は》、〈羽咋君《はくひノきみ》・三尾君《みをノきみ》之祖《がおや》ソ。〉次《つぎ》に、布多遅能伊理毘売命《ふたぢノいりびめノみコト》者《は》、〈倭建命《やまトたけるノみコト》之后《ノきさき》ト為《な》りたまひき。〉。

資料13

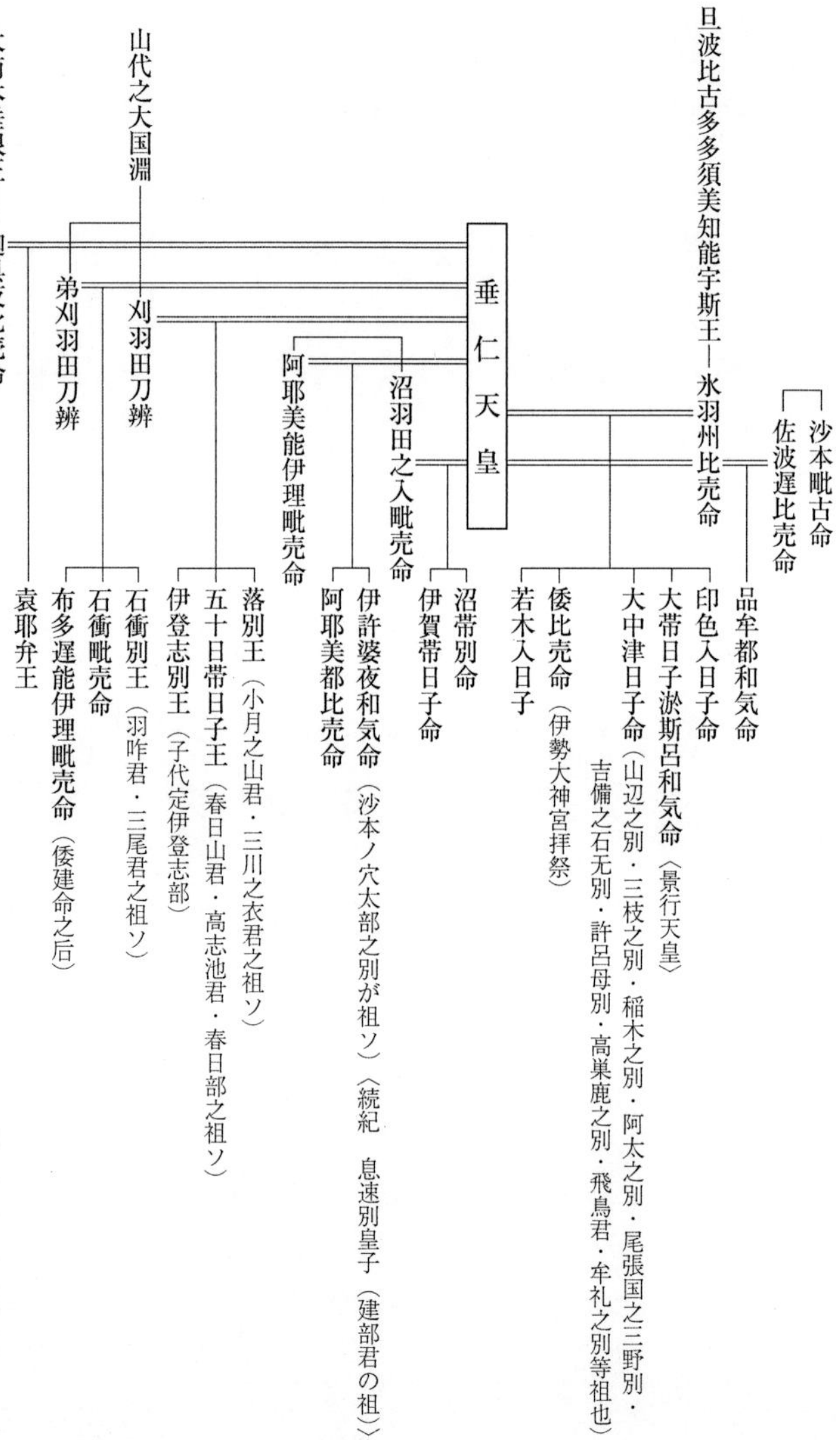

（『古事記』垂仁天皇段による）

君」と呼ばれていたことがわかります。こうした天皇の皇子に出自するという系譜を『古事記』に載せていることから、律令時代以前の大和政権の時代に、小槻山君が、栗太郡はもとより中央政府でも認められる有力な豪族であったことを示しています。ただ、残念なことは、他の有力な豪族には、『古事記』『日本書紀』に、もう少し詳しい氏族伝承、先祖がこうした功績をあげたというような話を載せているものですが、小槻山君の場合はないことです。今日のお話では、あまり触れませんが、同じ山君でも、蒲生《がもう》郡の佐々貴山君《ささきやまのきみ》の場合は、そうした伝承もかなり詳しく載せています。

ただ小槻山君の場合は、奈良・平安時代の文献には、多くの記録を残しています。資料14～16は小槻山君の一族の広虫に関わる文書と『続日本紀』の記事です。最初の天平八年（七三六）八月二十六日付の「内侍司牒《ないしのつかさちょう》」という文書（資料14）は、天皇に近侍する女官が所属する役所の内侍司から、宮廷の「薪《まき》」を管理する「主薪所」に出されたものです。

資料14

天平八年（七三六）八月二十六日付「内侍司牒」

内侍司　牒主薪所　（別筆）「治」

　薪参拾貳束　（別筆）「直丁足人」

右、充主殿寮、奉　勅如件、故牒、

　天平八年八月廿六日錦部連川内

そこに見える「従八位上《じゅはちいのじょう》栗太采女《うねめ》小槻山君廣虫」は、この文書の作成を命じた人物で、内侍司の女官でした。そこに「栗太采女」とありますように、栗太郡の郡司が、その娘を采女として、宮廷

従五位上典侍大宅朝臣諸姉　従八位上栗太采女小欟山君廣虫
（別筆）「十一月廿日返上物　金泥余　灌頂経料紙百七十六枚
　　表紙四枚半　　　　　　二」

資料15

『続日本紀』天平九年（七三七）二月十四日条
（前略）正八位下小槻山《をつきやま》君広虫《ひろむし》、无位盧郡君《ろぐんくん》に並に外従五位下。

資料16

天平勝宝四年（七五二）六月十七日付「買物解」
従四位下小槻山君廣虫解　申應念物買事
合玖種　直絹絁参拾匹　糸壹伯斤　綿参伯斤
鉢貳口　大盤貳口　小□　鋺　金筯肆枚
□　□
□
以前、念物并價等、顯注如件、謹解、
　　天平勝寶四年六月十七日

に出仕させたとみられ、小槻山君が栗太郡の郡司であったことを裏付けています。

広虫はその後、従八位上から正八位下《しょうはちいのげ》・外従五位下・外従五位上・外正五位下・正五位下と一三年間に、順調に昇進しています。特に注意していただきたいのは『続日本紀』天平九年（七三七）二月十四日条（**資料15**）です。「正八位下小槻山君広虫」が外従五位下に昇進しています。一気に十階ほどの特進です。大きな功績によるものでしょうか。それとも、天皇か、それに準ずる人の引きがあったと思われます。この時代、天平八年（七三六）とは、どういう時代かというと、いわゆる大仏を造営した聖武天皇と、その娘で次に即位する阿倍内親王《あべないしんのう》（孝謙天皇）の時代です。あるいは、皇后光明子《こうみょうし》の後宮に登用されたかもしれません。

そして資料16の天平勝宝四年（七五二）六月十七日の文書は、「従四位下小槻山君広虫」が、物品の購入を命じたものですが、この間に五位から四位に昇進しており、さらに官位を上げていることがわかります。広虫の昇進は、本人の出世だけでなく、小槻山君の朝廷における地位を相対的に上げることになったと思われます。

小槻山君と阿保朝臣（建部公）

次の資料17～20には、広虫以降の、平安時代前半の小槻山君の動きを示す史料が集めてあります。資料18は、『続日本後紀』貞観五年（八六三）正月八日条で、小槻山公広宅という人が見えます。无《む》位《い》（無位）であった広宅が、外従五位下に昇進したとあります。この史料に見える人物は全部女性で、大半が无位から昇進しており、女官に任じられたと思われます。広宅も女性で、先ほどの広虫と同じように「広」という一字が共通していますから、小槻山君の一族で広虫の親族とみられます。おそらく栗本采女として朝廷に出仕したと思われます。広宅の次に角山君《つのやまのきみ》成子が見えますが、この人は、実は、同じ山君で、高島郡に本拠をもつ角山君の出身ですから、おそらく高島采女として

資料17

『続日本後紀』嘉祥二年（八四九）七月二十七日条
戊寅。近江國栗太郡人木工大允正七位下小槻山公家嶋賜二姓興統公一。幷改二本居一。貫二附左京五條三坊一。

資料18

『日本三代実録』貞観五年（八六三）正月八日条
従五位下藤原朝臣數子並正五位下。无位藤原朝臣好子従五位上。良岑朝臣寛子。藤原朝臣普子。賀茂朝臣貞子。清科朝臣普子等並従五位下。小槻山公廣宅。角山公成子並外従五位下。

資料19

『日本三代実録』貞観十五年（八七三）十二月二日条
近江國栗太郡人正六位上行左少史兼筭博士小槻山公今雄。主計筭師大初位下小槻山公有緒等。改二本居一貫二左京四條三坊一。

出仕していたと思われます。もう一つの山君である佐々貴山君からも、山君の娘が采女として出仕しています。山君から揃って采女の貢進があったことは、天皇（大王）と山君の緊密な関係を示すものです。

資料19は、栗太郡に本拠のある小槻山君の一族が、本貫《ほんがん》を京に移した記事です。この人たちの役職を見ますと、「木工大充」「左少史」「筭博士《さんはかせ》」「主計筭師」とありますように、いわゆる算道系の下級官人と呼ばれる人たちで、地方豪族の子弟が朝廷に出仕する近道とされる官職で、その後の小槻山君の行く末を占うものです。次の**資料20**にも、小槻山君の一族が見えます。後に詳しくお話ししますが、重要な資料ですので、少し見ておき

資料20

『日本三代実録』貞観十七年（八七五）十二月二十七日条

左京人右大史正六位上兼行竿博士小槻山公今雄。主計竿師大初位下小槻山公有緒。近江國栗本郡人前伊豆権目正六位上小槻山公良眞等。並賜㆓姓阿保朝臣㆒。息速別命之後也。

ます。これは、『日本三代実録』貞観十七年（八七五）十二月二十七日条の記事で、先ほど本貫を栗太郡から京に移した二年後の、今雄《いまお》と有緒《ありお》の動向を示すものです。

ここには、二人といまだ栗本郡人であった良眞が、「並びに姓阿保朝臣《あほのあそみ》を賜ふ」とあります。その氏姓を「阿保朝臣」とすることを許されたというのです。そして、その下に、「息速別命《おきはやわけのみこと》の後なり」とあり、氏姓だけでなく、その始祖を落別王から息速別命に変更しているのです。ここには変更した理由が書かれていませんので、腑に落ちないところです。『日本三代実録』の編集者が元の史料の一部を省略したと思われます。このためこれまで改姓の理由を明らかにした見解はないのですが、この時、小槻山君の身の上に大きな変化が起こったことは間違いありません。

続いては、**資料21**の「小槻氏系図」をご覧ください。官務家小槻宿禰《おづきのすくね》の系図です。そしてこの系図の一番上に今雄の名が見えます。官務家小槻宿禰の始祖という重要な位置を占めています。官務家というのは、律令体制の衰退に対応するもので、朝廷の実務を専門的に請け負う官人の一族です。朝廷の公文書を管理し、朝廷の儀礼・祭祀・年間行事などを細かく記録して、朝廷の諸事を取り仕切っていた役人です。その業務を明治まで担い、子孫に引き継いだのが官務家小槻宿禰で、明治新

- 今雄 ― 當平（主計頭） ― 茂助（算博士） ― 忠臣（主計頭） ― 奉親（初奉官務 淡路守） ― 貞行（官務） ― 孝信（官務） ― 祐俊（官務）
  - 盛仲（官務） ― 政重（同） ― 師經（同） ― 隆職（同） ― 國宗（同） ― 通時（早世） ― 淳方（官務） ― 顯衡（同）
  - 純良（同） ― 于宣（同） ― 匡遠（同）
    - 景實（長寛兩職事、被レ下二綸旨於隆職一以来。官務職、相續之、算之博士者、被レ付二廣方流一相續也、）
    - 兼治（官務） ― 周枝（同） ― 農照（同） ― 晴富（同 正四上）
    - 雅久（同） ― 于垣（同） ― 登辰（同）
    - 永業（官務） ― 廣方（博士相以来以下 官務正四下） ― 公尙（官務） ― 季繼（同） ― 季氏（同） ― 益材（同） ― 伊綱（同）
      - 冬直（同） ― 康景（同） ― 通古（同） ― 賴胤（同）
      - 清澄 ― 光夏 ― 爲緒 ― 長興
        - 寔包
        - 時元（正四下官務 左京太夫） ― 伊治（正五上官務）

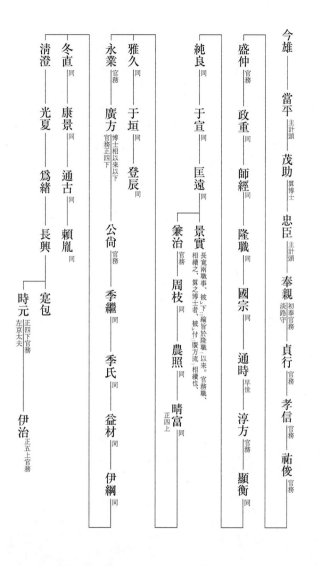

政府では小槻男爵家となりました。

そこで、**資料13**の小槻山君の系図をもう一度見てください。先にみた落別王のところです。ここで取り上げるのは、その一つ置いて右にみえる「伊許婆夜和気命《いこばやわけのみこと》」です。落別王は、垂仁天皇と山代之大国淵《やましろのおおくにのふち》の娘刈羽田刀辨《かりはたとべ》という人との間に生まれた皇子です。いっぽう伊許婆夜和気命は、垂仁天皇と旦波比古多多須美知能宇斯王《たにわのひこたたすみちのうしのみこ》の娘阿耶美能伊理毗売命《あざみのいりひめのみこと》との間に生まれた皇子ですから、二人は異母兄弟となります。そして伊許婆夜和気命は、先に小槻山君今雄たちが阿保朝臣に改姓したのにともない、新たに始祖とした息速別命と同一人物なのです。なぜ今雄は、自分たちの始祖まで変更して、阿保朝臣になろうとしたのでしょうか。

そこでまず、『新修大津市史』の地域編が掲載している、『建部大社《たけべたいしゃ》文書』の「建部大明神神縁年録写」という、建部大社の由来を述べた文書を検討します。細かくみる余裕はありませんが、要するに、近江一宮《いちのみや》の建部大社が、どういう由来で勢多の地に祀られているのかということが述べられています。

それによると、もともと建部大明神は神崎《かんざき》郡の千草《ちくさ》嶽に天降《あまくだ》ったとされ、景行天皇の時に、建部《たけべ》稲依別王命《いなよりわけおうのみこと》に命じて神崎郡建部郷に宮殿を創建し祀った。それが、天武天皇の時に、建部連安麿《たけべのむらじやすまろ》が、栗太郡の勢多に遷って、大野山山頂に神宮を創建してこれを祀った。その後、孝謙天皇の天平勝宝七年（七五五）三月になって、少初位上建部公《たけべのきみ》伊賀麿《いがまろ》が、天皇の命により大野山の麓の広庭に移り、現在の建部大社を建てて祀ったと述べています。これによりますと、建部大社は神崎郡からこの地に移り、現在の大社は、建部公伊賀麿が祀ったということになりますが、どうもその記述は、さまざまな伝説や文献を合成したもので、疑わしいと言わざるをえません。

栗太郡南部に建部大社が所在し、その奉斎氏族としては、当然建部君と考えるのが一般的でしょう。実際、**資料22**にありますように、その建部君というのは、『古事記』景行天皇段の「倭建命後裔系譜」に見える倭建命《やまとたけるのみこと》の子稲依別王を始祖とする氏族です。その母は「近淡海《ちかつおうみ》之《の》安国造《やすくにのみやつこ》之《が》祖《おや》、意富多牟和気《おほたむわけ》之女《がむすめ》、布多遅比売《ふたじひめ》」で、「稲依別王者《は》〈犬上君《いぬかみのきみ》・建部君《たけるべのきみ》等《ら》之《が》祖《おや》ソ《ぞ》〉」とあります。野洲郡の豪族近淡海安国造や、犬上郡の有力豪族犬上君との関わりをもつことから、近江とも関わりの深い豪族で、建部大社との関係も推定されるというのが、これまでの有力な見解でした。私も、以前はそのように考えてきました。

ただ稲依別王を始祖とする建部君が、近江を本拠とする豪族であることを裏付ける史料は、残念ながらありません。そこで関連資料をもう一度調べ直しますと、建部君を名乗る豪族には、稲依別王を始祖とする氏族のほかに、別系統の建部君の存在が明らかになってきたのです。

資料23をご覧ください。『続日本紀』天平宝字八年（七六四）十月二十八日条には、「外従五位下建部公人上《ひとかみ》ら十五人に姓朝臣を賜ふ」とあります。この時、建部公人上は、因幡掾でした。理由は書かれていませんが、「公」というカバネを返上して、「朝臣」という上位のカバネを賜ったとあります。当然何らかの功績があったと考えられるでしょう。実はこの天平宝字八年というのは、近江を主要な舞台として、いわゆる、藤原仲麻呂《ふじわらのなかまろ》の乱が起こった年です。そこで、天平宝字八年十月七

資料22

『古事記』景行天皇段

此《コ》ノ倭建命《やまとたけるノみコト》、伊玖米天皇《いくメノすめらみコト》之《ノ》女《むすめ》、布多遅能伊理毗売命《ふたぢノいりびめノみこと》に娶《みあひ》して、〈布自《よ》り下《しも》ノ八字は音《コヱ》を以《モチ》ゐる。〉生《う》みませる御子《みこ》、帯中津日子命《たらしなかつひこノみコト》。〈一柱《ひトはしら》。〉又《また》、其《ソ》ノ海《うみ》に入《い》りたまひし弟橘比売命《おトたちばなひめノみコト》に娶《みあひ》して、生《う》みませる御子《みこ》、若建王《わかたけるノおほきみ》。〈一柱《ひトはしら》。〉又《また》、近淡海之安国造《ちかつあふみノやすノくにノみやつこ》之祖《がおや》、意富多牟和気《おほたむわケ》之女《がむすめ》、布多遅比売《ふたぢひめ》に娶《みあひ》して、生《う》みませる御子《みこ》、稲依別王《いなヨりわケノおほきみ》。〈一柱《ひトはしら》。〉又《また》、吉備臣建日子《きビノおみたけひこ》之妹《がいも》、大吉備建比売《おほきビたけひめ》に娶《みあひ》して、生《う》みませる御子《みこ》、建貝児王《たけかひこノおほきみ》。〈一柱《ひトはしら》。〉又《また》、山代之玖々麻毛理比売《やましロノくくまもりひめ》に娶《みあひ》して、生《う》みませる御子《みこ》、足鏡別王《あしかがみわケノおほきみ》。〈一柱《ひトはしら》。〉又《また》、一妻之子《あるみめノこ》、息長田別王《おきながたわケノおほきみ》。凡《おほよ》そ、是《コ》ノ倭建命《やまとたけるノみコト》之御子《ノみこ》等《たち》、并《あは》せて六柱《むはしら》なり。故《かれ》、帯中津日子命者《たらしなかつひこノみコトは》、天下《あメノした》治《しらしめ》しき。次《つぎ》に、稲依別王者《いなヨりわケノおほきみは》、〈犬上君《いぬかみノきみ》・建部君等之祖《たけるべノきみらがおや》ソ。〉次《つぎ》に、健《たけ》貝児王者《かひこノおほきみは》、〈讃岐《さぬき》ノ綾君《あやノきみ》・伊勢之別《いせノわケ》・登袁之別《トをノわケ》・麻佐首《まさノおびと》・宮首之別等之祖《みやぢノわケらがおや》ソ。〉足鏡別王者《あしかがみわケノおほきみは》、〈鎌倉之別《かまくらノわケ》・小津石代之別《をづノいはしロノわケ》・漁田之別《いさりたノわケ》が祖《おや》ソ〉次《つぎ》に、息長田別王《おきながたわけノおほきみ》之子《ノこ》、杙俣長日子王《くひまたながひこノおほきみ》。此《コ》ノ王《おほきみ》之子《ノこ》、飯野真黒比売命《いひのノまくろひめノみこト》。次《つぎ》に、息長真若中比売《おきながノまわかなかつひめ》。次《つぎ》に、弟比売《おトひめ》。〈三柱《みはしら》。〉故《かれ》、上《かみ》に云《い》へる若建王《わかたけるノおほきみ》、飯野真黒比売《いひのノまくろひめ》に娶《みあひ》して、生《う》みませる子《こ》、須売伊呂大中日子王《すめいロおおなかつひこノおほきみ》。〈須自《よ》り呂至《ま》では音《コヱ》を以《モチ》ゐる。〉此《コ》ノ王《おほきみ》、淡海之柴野入杵之女《あふみノしばのいりきがむすめ》、柴野比売《しばのひめ》に娶《みあひ》して、生《う》みませる子《こ》、迦具漏比売命《かぐろひめノみコト》。故《かれ》、大帯日子天皇《おほたらしひこノすめらみコト》、此《こ》ノ迦具漏比売命《かぐろひめノみコト》に娶《みあひ》して、生《う》みませる子《こ》、大江王《おほえノおほきみ》。〈一柱《ひトはしら》。〉此《コ》ノ王《おほきみ》、庶妹《ままいも》銀王《しろかねノおほきみ》に娶《みあひ》して、生《う》みませる子《こ》、大名方王《おほなかたノおほきみ》。次《つぎ》に、大中比売命《おほなかつひめノみコト》。〈二柱《ふたはしら》。〉故《かれ》、此之大中比売命者《コノおほなかつひめノみコトは》、香坂王《かごさかノおほきみ》・忍熊王《おしくまノおほきみ》之御祖《ノみおや》ソ。此《コ》ノ大帯日子天皇之御年《おほたらしひこノすめらみコトノみトし》、壱佰参拾漆歳《ももトせあまりみそトせあまりななトせ》。御陵《みささぎ》は山辺之道《やまノへノみち》ノ上に在《あ》り。

資料23

『続日本紀』天平宝字八年（七六四）十月二十八日条

○辛卯《二十八日》、外従五位下掃守《かにもり》宿禰広足《ひろたり》を山背《やましろ》介とす。従五位下雀部《さざきべ》朝臣陸奥《みちのおく》を常陸《ひたち》介。従五位下弓削《ゆげ》宿禰薩摩《さつま》を下野員外介《しもつけののゐんぐゑのすけ》。因幡掾《いなばのじょう》外従五位下建部《たけるべ》公人上《ひとかみ》ら十五人に姓朝臣を賜ふ。

資料24

『続日本紀』天平神護二年（七六六）七月二十六日条

○己卯《二十六日》、近江《ちかつあふみ》国志賀団大毅《しがのだんのだいぎ》少初位上建部《たけるべ》公伊賀麿《いかまろ》に姓朝臣を賜《たま》ふ。

日条をみますと、逆徒を討った諸氏の位階を加給する記事がありまして、多くの人名があげられています。その中に正六位上の建部公人上に外従五位下を賜ったとありました。人上が仲麻呂の乱鎮圧に大きな功積があったことを裏付けます。

　そして、『続日本紀』の天平神護二年（七六六）七月二十六日条の記事（資料24）をご覧ください。ここには、「近江国志賀団大毅少初位上建部公伊賀麿に姓朝臣を賜う」とあります。これは、人上がこの二年前に、仲麻呂の乱鎮圧の功により、「公」姓から「朝臣」に昇進したことと無関係とは考えられません。おそらく伊賀麿は、人上の親族で、やや遅れて「朝臣」を賜姓されたのでしょう。乱鎮圧に加わっていた可能性もあるのではないでしょうか。

　ところで、この伊賀麿は、「近江国志賀団大毅《しがのだんのだいぎ》」とありますから、近江国の軍団の長ということになります。軍団の兵士として乱鎮圧に加わったのかもしれません。「志賀団」とありますから、軍団は滋賀郡に置かれていた可能性が大きいと思いますが、おそらく近江国の郡司クラスの人物から任命されたと考えられます。伊賀麿も滋賀郡ないし隣接する郡から登用されたのでしょう。建部大社に注目するなら、伊賀麿の本拠も栗太郡南部にあった可能性もあるでしょう。

資料25

『続日本紀』延暦三年（七八四）十一月二十一日条

○戊午《二十一日》、武蔵介《むざしのすけ》従五位上健部《たけるべ》朝臣人上《ひとかみ》ら言《まう》さく、「臣《しん》らが始祖息速別皇子《とほつおやおきはやわけのみこ》は、伊賀《いが》国阿保《あほ》村に就《ゆ》きて居《す》みき。遠明日香朝廷《とほつあすかのみかど》に逮《およ》びて、詔《みことのり》して、皇子《みこ》の四世の孫《うまご》須祢都斗王《すねつとのおほきみ》に、地《ところ》に由《よ》りて阿保《あほ》君の姓を錫《たま》ひき。その胤子《いんし》意保賀斯《おほかし》、武藝《ぶげい》倫《ひと》に超《こ》えて、後代《こうだい》に示《しめ》すに足《た》れり。是《ここ》を以《もち》て、長谷旦倉朝廷《はつせあさくらのみかど》に、改《あらた》めて健部《たけるべ》君と賜《たま》へり。是《こ》れ庸《いさをし》を旌《あらは》す恩意《おんい》にして、土《くに》を胙《むく》ゆる彝倫《いりん》に非《あら》ず。望《のぞ》み請《こ》はくは、本《もと》の正《ただ》しき名《な》に返《かへ》して、阿保《あほ》朝臣の姓を蒙《かがふ》り賜はらむことを」とまうす。詔《みことのり》して、これを許《ゆる》したまふ。是《ここ》に、人上《ひとかみ》らに阿保《あほ》朝臣を賜ふ。健部《たけるべ》君黒麻呂《くろまろ》らには阿保公《あほ》。

次の資料25は、『続日本紀』延暦三年（七八四）十一月二十一日条で、健部朝臣人上が、阿保朝臣に改姓することを、朝廷に申請し許された記事です。この時人上は武蔵介従五位上でしたが、自分の始祖、息速別皇子は、伊賀国阿保《あほ》村に移り住んでいた。そして允恭《いんぎょう》天皇の御代《みよ》になって、その四世孫の須祢都斗王が「阿保君」姓を賜った。ところがその子意保賀斯が、雄略天皇の時に、武芸に優れていたということで、健部君という氏名《うじな》を賜った。これに対し、人上は、その氏名は、居住地にはそぐわないので、阿保朝臣に戻してほしいと申し出て、それが認められたということなのです。なおこの時、朝臣姓でなかった健部君黒麻呂は、阿保公を賜っています。おそらく一族の人物で、氏名だけの変更は許されたのでしょう。この記事から、息速別命の子孫の健部朝臣人上は、もともと阿保が本姓であったと主張しているのです。ここから古代には、少なくとも史上で活動する建部君という豪族が、二つあったことになります。ヤマトタケルの子稲依別王の子孫の建部君と、垂仁天皇の皇子息速別命の子孫の建部公です。実は、これは、先ほど少しお話ししました、小槻山君が、なぜ阿保朝臣に突然改姓したのかということに関係すると、私は思っております。

実を言いますと、私はこれまで、先ほども少しお話ししましたように、建部大社の関わる建部君は、ヤマトタケルの子稲依別王の子孫であると考えてきました。犬上郡の郡領氏族で、最初の遣唐使犬上君御田鍬《みたすき》の出身氏族であります犬上君と同祖氏族で、ここでは詳しくお話しできませんが、宮廷の十二門を守る「宮城十二門号氏族」と呼ばれる、大王直属の軍事組織の一員とされている建部氏も、ヤマトタケルの子稲依別王の子孫であると考えていました（資料26）。

しかしながら、右にみましたように、建部氏には垂仁天皇の皇子息速別命の子孫を称するものがあり（資料27）、栗太郡とも関わりがあることがわかってきました。しかもその本姓が阿保氏であることから、俄然小槻山君の改姓との関係が大きく浮上してきたのです。

先に紹介しました資料20の平安時代前半における、小槻山公今雄たちの阿保朝臣への改姓と、その始祖の落別王から息速別命への突然の変更のことです。先ほど近江南部の建部大社付近に、本

文献26

『新撰姓氏録』右京皇別下

建部公

・犬上朝臣同祖。日本武尊之後也。續日本紀合。

別公

　建部同氏。

資料27

『新撰姓氏録』右京皇別下

阿保朝臣《あほのあそみ》。垂仁天皇《すいにんてんわう》の皇子《みこ》、息速別命《いこはやわけのみこと》の後《すゑ》なり。息速別命《いこはやわけのみこと》、幼弱《いとけなくまし》し時《とき》、天皇《すめらみこと》、皇子《みこ》の為《ため》に、宮室《みや》を伊賀国《いがのくに》阿保村《あほのむら》に築《つく》りたまひ、以《もつ》て封邑《よさしところ》と為《な》せり。子孫《うみのこ》因りて家《いへを》りき。允恭天皇《いんぎょうてんわう》の御代《みよ》、居地《をるところ》の名《な》を以《もつ》て、阿保君《あほのきみ》の姓《かばね》を賜《たま》ふ。廃帝《はいだい》の天平宝字《てんぴやうはうじ》八年《はちねん》、公《きみ》を改《あらた》め朝臣《あそみ》の姓《かばね》を賜《たま》ふ。続日本紀《しょくにほんぎ》に合《あ》へり。

拠ないし拠点をもっていたことを想定した垂仁天皇の皇子息速別命の子孫を称する建部朝臣と小槻山君との太い接点が明らかになってきたのです。両者はこの時同じ氏姓になったわけですから、かなり親しい関係にあったことが判明するのです。

　こうしたことから、建部大社を奉祭していたのが息速別命の子孫を称する建部朝臣で、栗太郡南部にそれなりの勢力をもっていたことがわかると思います。それとともに、小槻山君の阿保朝臣への改姓が、同じ栗太郡で協力関係にあった阿保朝臣の支援で実現したことが推測されるのです。これは一つの憶測ですが、本貫を京に移し、本格的な朝廷進出を図る今雄たちにとって、すでに「朝臣」という一段上のカバネをもつ阿保氏にあやかり、阿保朝臣という氏姓を得ることは、大きな魅力だったのではないでしょうか。ただし、小槻山君のうち阿保朝臣に改姓したのは、京に移貫した今雄たちの一族だけで、傍系の人たちは小槻山君のままで、後に小槻宿禰を称するようになり、官務家となります。

私の話はこれで終わりますが、阿保朝臣（建部公）は、もともと伊賀の豪族だったんですね。最近調べていると、栗太郡と伊賀は、さまざまなつながりがあることが指摘されています。そんなことも、今後ぼちぼち考えていきたいと思っています。栗太郡衙の岡遺跡が発見されて三五年。この機会にお話をさせていただき、喜んでおります。考えてみますと、律令期の郡の数は五八七か所以上あったと思われますが、発掘調査で確定した郡役所の数は五〇か所ほどで、小笠原先生が紹介された、全体プランがわかるのは、一〇か所もないと思われます。岡遺跡は非常に貴重な価値があることがここからもわかります。

この遺跡がこれからも長く保存され、史跡公園として整備されて、さまざまに活用されることを強く希望いたします。本日のシンポジウムは、そうした意味でも非常に重要な意義をもつものと思います。ご清聴ありがとうございました。

参考文献

青木和夫・石母田正・小林芳規・佐伯有清校注『古事記』（日本思想体系1、岩波書店、一九八二年）
坂本太郎・家永三郎・井上光貞・大野晋校注『日本書紀』上・下（日本古典文学大系67、68　岩波書店

一九六五〜一九六七年）
青木和夫・稲岡耕二・笹山晴生・白藤禮幸校注『続日本紀』一〜五（新日本古典文学大系12〜16　岩波書店　一九八九〜一九九八年）
井上光貞・関晃・土田直鎮・青木和夫校注『律令』一〜五（日本思想大系3　岩波書店　一九七六年）
黒板勝美編纂　新訂増補国史大系『日本後紀』『続日本後紀』『日本三代実録』（吉川弘文館　一九六四年完成）
佐伯有清『新撰姓氏録の研究』本文編（吉川弘文館　一九六二年）
佐伯有清『新撰姓氏録の研究』考証編第一〜第六（吉川弘文館　一九八一〜一九八三年）
東京大学史料編纂所『大日本古文書』正倉院編年巻二（東京大学　一九六八年　復刻）
『太神宮諸雑事記』（『神道大系』神宮編一所収　神道大系編纂会　一九七九年）
『歴史地名体系二五　滋賀県の地名』（平凡社　一九九一年）
『栗東の歴史』第一巻（栗東町役場　一九八八年）
橋本義彦「官務家小槻氏の成立とその性格」（『平安貴族社会の研究』吉川弘文館　一九七六年）
請田正幸「平安初期の算道出身官人」（田名網宏編『古代国家の支配と構造』東京堂出版　一九八六年）
磯野浩光「近江の『山君』について」（『史想』二〇、一九八四年）
佐伯英樹「滋賀・手原遺跡」（『木簡研究』第三〇号　二〇〇八年）
栗東市資料提供『霊仙寺・綣遺跡　発掘調査成果の公開について』（栗東市教育委員会スポーツ・文化振興課　二〇二〇年十二月十一日）
大橋信弥「野洲川下流域の古代豪族の動向―小槻山君と近淡海安国造―」（『日本古代の王権と氏族』吉川弘文館　一九九六年）

大橋信弥「佐々貴山君の系譜と伝承」(『古代豪族と渡来人』吉川弘文館　二〇〇四年)
大橋信弥「阿倍氏と佐々貴山君氏」(『阿倍氏の研究』雄山閣　二〇一七年)
大橋信弥「近江における渡来氏族の研究―志賀漢人を中心に―」(『古代豪族と渡来人』吉川弘文館　二〇〇四年)
大橋信弥「十里遺跡出土の天武朝木簡について」(『古代豪族と渡来人』吉川弘文館　二〇〇四年)
大橋信弥「建部公と栗太郡の古代豪族」(『淡海文化財論叢』第十二輯　二〇二〇年)
大橋信弥「物部氏と渡来人―「廣津」墨書土器をめぐって―(上)(下)」(『淡海文化財論叢』第十三輯・第十四輯　二〇二一・二〇二二年)

紙上報告

栗太郡の氏族とその勢力範囲・郷との関連

公益財団法人栗東市スポーツ協会　近藤　広

はじめに

栗東市の岡遺跡は栗太郡の郡衙と評価されて三五年以上が経過した。その間に栗太郡内（栗東市、草津市、守山市、大津市）の各地で発掘調査が進み、さまざまな時代で貴重な発見が相次いだ。ここでは、栗太郡を構成する各地の郷にあたる範囲と、それぞれの地域を支配していた豪族（氏族）との関連を、これまでの発掘調査成果や研究成果をかんがみながら検討してみたい。

郷の領域

栗太郡における郷名は、「和名類聚抄《わみょうるいじゅしょう》」によると、旧栗太郡の北から物部《ものべ》郷、治田《はた》郷、木川《きのかわ》郷、梨原《なしはら》郷、勢多《せた》郷の五郷があげられている。奈良時代の文献に登場する郷としては、財産目録を記した天平一九（七四七）年の「法隆寺伽藍縁起并流記資材帳」にみられる物部郷と、「正倉院文書」の

「志何史堅魚《かつお》麻呂年廿　近江国栗太郡木川郷戸主大友曰佐倉麻椋麻呂戸口」と記されている木川郷のみである。吉田東伍《よしだとうご》編『大日本地名辞書』（明治三三年）によれば、物部郷は、旧物部村、旧大宝《だいほう》村、治田郷は、旧葉山《はやま》村、旧治田《はるた》村、木川郷は、旧笠縫《かさぬい》村、旧山田《やまだ》村、梨原郷は、旧草津村、旧志津《しづ》村、勢多郷を旧勢多村、旧老上《おいかみ》村を想定している。

『草津市史』によれば、治田郷は旧葉山村、旧治田村のほかに、草津市南笠にある治田神社と笠寺《かさでら》廃寺《はいじ》の存在から南笠周辺を候補としてあげられている。また梨原郷は、栗東市笠川《かさがわ》付近から物部郷に西接して、上笠《かみがさ》、下笠《しもがさ》両町を中心とする地域と想定している。このほか旧栗太郡の南端にあたる大戸《だいど》川流域に谷上郷があったとされている。

また草津市大将軍遺跡から「高野郷長」と墨書された土器が出土し、高野神社の存在する栗東市高野との関連が浮かび上がってきた。

時代ごとの地域支配の範囲について

ここでは、栗太郡郡衙が成立する前後の集落や古墳、古代寺院のあり方から各小地域（ここでいう小地域とは、おおむね前述した栗太郡の郷に相当する範囲としておく）の豪族（氏族）、とくに小槻氏を中心にその勢力範囲を推定していくことにする。

弥生時代

栗太郡に存在した弥生時代の遺跡は、後期に勢力を拡大していたことがこれまでの研究成果から明らかになっている。物部郷領域にあたる境《さかい》川左岸（今井川右岸）地域の守山市伊勢遺跡と、治田郷領域に想定される葉山川右岸（中ノ井《なかのい》川左岸）の栗東市下鈎《しもまがり》遺跡が存在し、弥生時代後期の前半から伊勢遺跡が地域の中心となり、政治、まつりごとの役割をはたしていた。下鈎遺跡は、伊勢遺跡がもっていない機能（生産分野）をもち、伊勢遺跡を支える集落として機能分担をしていた可能性がある。つまり物部郷と治田郷旧治田村の北西側にあたる二つの地域が中心であったことがいえる。

このほかの地域としては、梨原郷とされる旧志津村にあたる草津川左岸地域の草津市柳《やなぎ》遺跡が中心集落として存在していた。また治田郷の候補にあがっている南笠周辺には、草津市中海道遺跡が存在し、近年の調査で、弥生時代後期の環濠の形態に類似した断面Ｖ字状の溝（幅二・一～二・五m、最深二m）が確認されており今後中核となる建物の発見が期待される。

古墳時代

古墳時代前期を代表する集落として守山市の下長《しもなが》遺跡が存在する。この遺跡は伊勢遺跡と同じ物部郷の領域に含まれる遺跡で、境川左岸（今井《いまい》川右岸）地域に存在している。大型建物や豪族居館とされる遺構が確認されており、伊勢遺跡衰退後の栗太郡における拠点集落として評価されている。治田郷葉山村領域の、中ノ井川および今井川上流にあたる内陸部の開発が進み、鉄器保有率が高く、鍛冶関連と推定される竪穴建物が集中する集落として知られる栗東市高野遺跡を中心に新たな集落

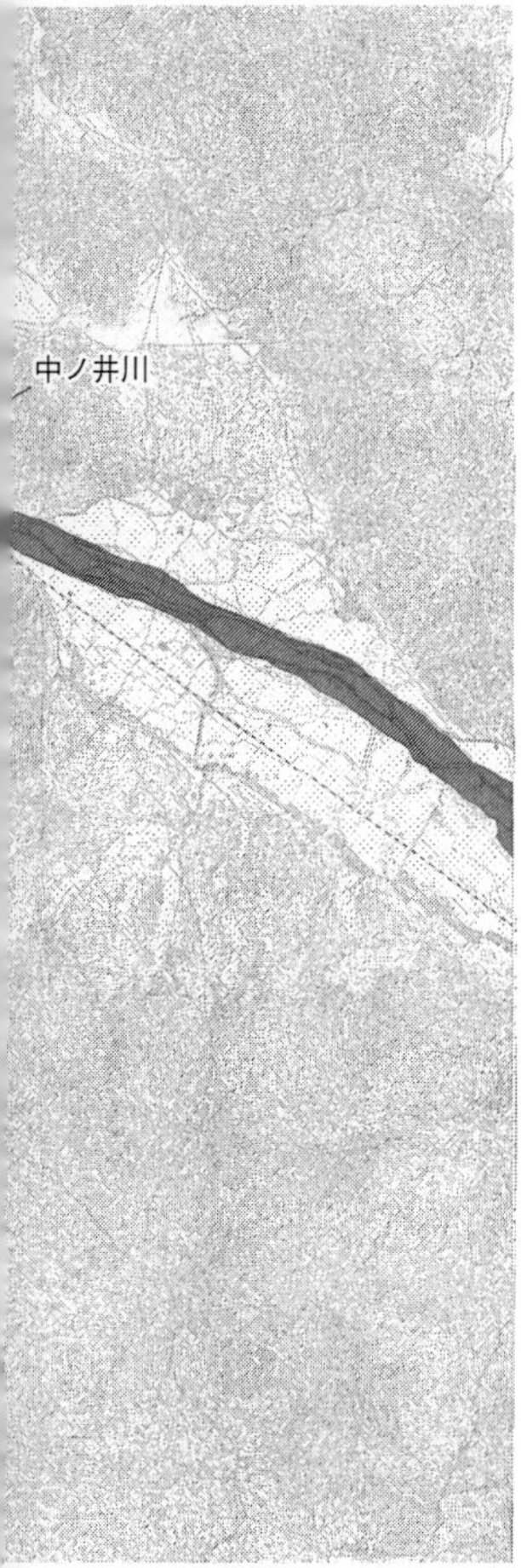

▲ 弥生主要遺跡
△ 古墳時代主要遺跡
● 古墳４～５世紀前半
○ 古墳５世紀後半～６世紀

１. 伊勢▲
２. 下鈎▲
３. 柳▲
４. 西海道▲
５. 下長△
６. 中沢△
７. 小柿△
８. 高野（今土・六地蔵）△
９. 辻（小坂）△
10. 岩畑△
11. 出庭△
12. 蜂屋△
13. 谷△
14. 中畑△
15. 岡山古墳●
16. 亀塚古墳（出庭古墳群）●
17. 北谷11号墳●
18. 下戸山古墳●
19. 大塚越古墳●
20. 地山古墳●
21. 椿山古墳●
22. 新開古墳●
23. 佐世川古墳●
24. 林車塚古墳○
25. 林大塚古墳○
26. 南笠古墳群○
27. 狭間古墳群○
28. 御倉古墳群（SX）○
29. 芦浦古墳群○
30. 織部古墳●

〈 〉郷名　（破線）郷の範囲

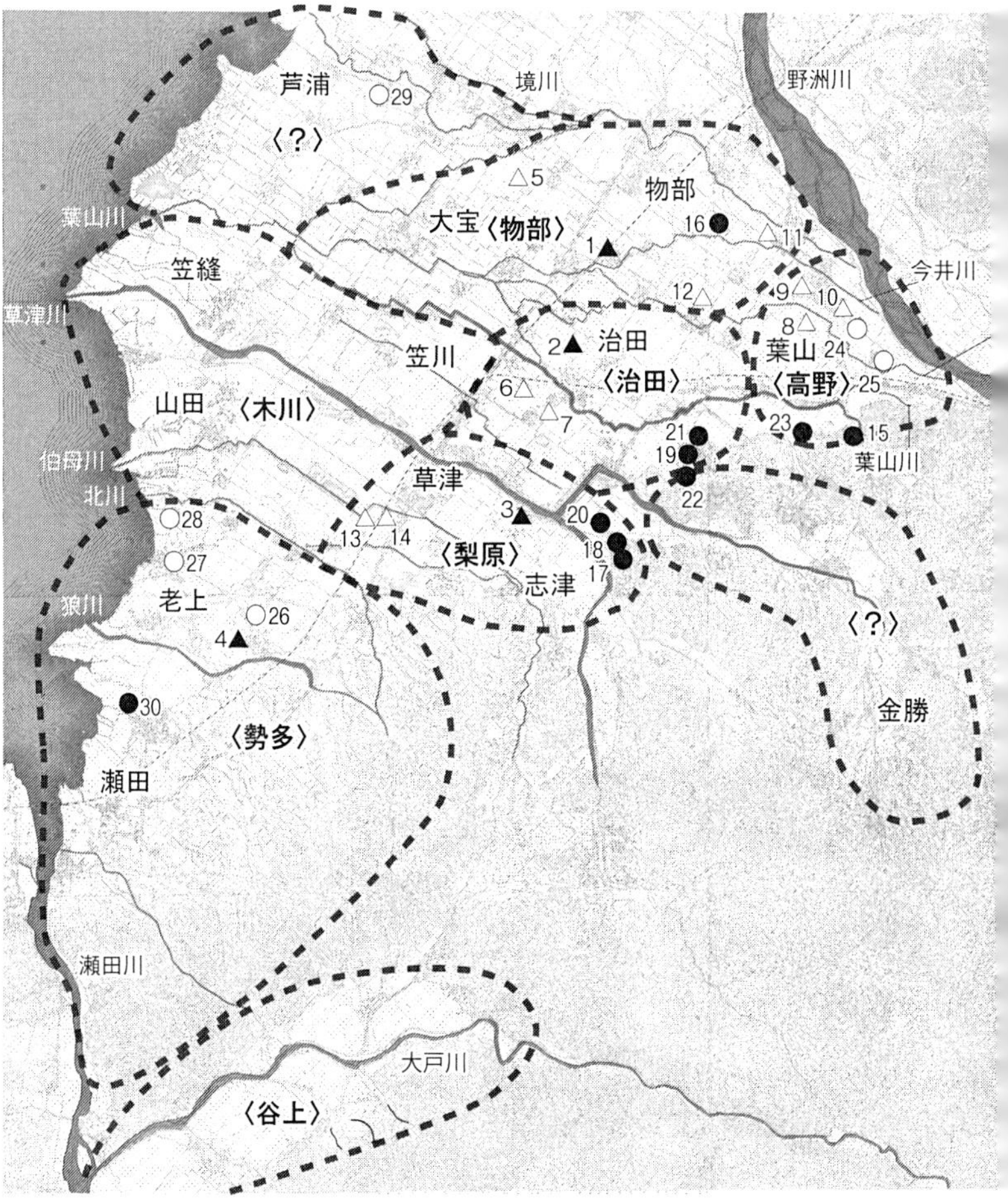

図１　弥生〜古墳時代の主要遺跡と郷名

が拡大していく。

同じく治田郷旧葉山村に相当する中ノ井川右岸の栗東市岩畑《いわはた》遺跡や辻遺跡、今井川右岸の出庭《でば》遺跡なども古墳時代になって新たに拡大してきた集落である。治田郷旧治田村の範囲では、弥生時代に栄えた葉山川右岸の下鈎遺跡にかわって中心集落になるのが、おそらく小槻氏の勢力範囲と推定される葉山川左岸（草津川右岸）の栗東市小柿《おがき》遺跡や栗東市と草津市をまたいで存在する中沢《なかざわ》遺跡と推定できる。小柿遺跡や中沢遺跡では、古墳時代前期に相当する大型建物の建築部材の出土や、土器においては、内陸部の遺跡より畿内系をはじめとする搬入品の出土率が高いのが特徴で、さまざまな地域との交流がうかがえる。さらに中沢遺跡の平成二四年度の調査で、通常は古墳から出土する緑色凝灰岩《ぎょうかいがん》製の鍬形石《くわがたいし》が集落から出土しており注目される。

さらに古墳から氏族の勢力範囲を推定すると、勢多郷では古墳時代の早い段階（四世紀前半）に、三角縁《さんかくぶち》神獣鏡が出土した織部《おりべ》古墳が比較的琵琶湖に近い大津市大萱《おおがや》に登場する。母体となる集落は調査事例がないため不明であるが、このあたり一帯を支配していた建部氏との関連が推測される。

物部氏の勢力範囲と推定される物部郷の東端（治田郷旧葉山村と物部郷旧物部村が接する付近）では、三角縁神獣鏡が出土した栗太郡初の前方後円墳である栗東市亀塚《かめづか》古墳（出庭古墳群）が四世紀後半に築造される。また治田郷旧葉山村の領域で葉山川の水源にあたる六地蔵《ろくじぞう》に、三角縁神獣鏡を出土した岡山《おかやま》古墳が亀塚古墳の時期より少し前に築造されている。

同じく治田郷の領域と推定される旧治田村の地域では、安養寺周辺と、小槻氏の本拠地である岡・下戸山《しもとやま》周辺の近接したふたつの地域に首長墓がつくられ、首長権の輪番制が行われていたことが有力視されている。

この二つの古墳群で、最初に登場するのが岡・下戸山周辺のグループに含まれる草津市北谷《きただに》11号墳である。亀塚古墳の後（四世紀後半）に築造され、この古墳は緑色凝灰岩製鍬形石の未成品や滑石《かっせき》製の鍬形石を出土した前方後円墳で、大きさ全長一〇五mを測り、出土品とあわせて勢力の大きさが現れている。

小槻氏は奈良時代以降、栗太郡の郡司として大きな勢力をもち、文献にも名前が多く登場することはよく知られている。小槻氏の祖先をまつる小槻大社の存在する周辺には、前述した北谷11号墳をはじめ、下戸山古墳、地山《じやま》古墳というように栗太郡の首長墓が集中して存在することから、古墳時代前期後半から小槻氏の勢力が大きかったことがうかがえる。

ただし安養寺《あんようじ》側の首長墓である大塚越《おおつかこし》古墳、椿山古墳が小槻氏ゆかりの古墳であることについては疑問が生じる。下鈎や上鈎の地名になっている下鈎遺跡や上鈎遺跡の周辺が、後述する勾氏関連によるものとすれば、安養寺側の首長墓は勾氏ゆかりの墓域としても矛盾しない。また、中世に小槻氏のもつ荘園を受領したとされる青地《あおじ》氏の領域が、栗東市下戸山、上砥山《かみとやま》、川辺《かわづら》、坊袋《ぼうふくろ》、小柿、中沢とあるように下鈎と上鈎が含まれていないことから、安養寺側の首長墓はやはり小槻氏との関連ではなく勾氏との関連で考えるのが妥当であろう。しかし物部郷の領域に亀塚古墳が造られているように、治田郷内に存在する安養寺側の首長墓が勾氏だけの勢力とする考え方と、甲冑や多数の武器類を出土した軍事集団にかかわる新開古墳と、竪穴建物から鉄鏃を多く出土する岩畑遺跡の動向を考慮すれば旧葉山村にあった勢力、例えば高野氏や物部氏との合同勢力の墓域とすることも可能である。

その後、六世紀以降になると治田郷旧治田村の地域では目立った有力古墳は今のところ確認されておらず、勢力圏が移動したことが推測される。かわって中ノ井川水源に近い治田郷領域の旧葉山村に相当する栗東市林《はやし》に存在する古墳群が地域の中心墓域になっていった可能性がある。なかでも前方後円墳と推定される林車塚《くるまづか》や大型円墳とされる林大塚が、五世紀後半以降の有力古墳であった可能性も考えられる。この古墳群は式内社である高野神社のある南東側に存在し、高野氏との関連が推定される。いっぽう草津川左岸（狼《おおかみ》川右岸）の治田神社付近では、林古墳群とほぼ同じ頃に南笠古墳群が形成され、全長三〇m前後の前方後円墳（南笠1号墳と2号墳）が二代にわたって連続して造られ、築造母体となる氏族として笠氏との関連が推測される。

また南笠古墳群と同じ勢力範囲と推定される湖岸よりの矢橋《やばせ》付近でも、狭間《はざま》古墳群（径三〇m以上の円墳が二基確認されている）が築造され、その北側に隣接する御倉《みくら》遺跡では、四〇mを超える方墳が確認されている。

さらに梨原郷の領域にあたる草津川左岸地域は、五世紀の終わりから六世紀にかけて集落が拡大してくる地域で、谷遺跡や中畑遺跡などの玉つくり遺跡が新たに登場するなど注目される地域である。いっぽう郷名のはっきりしない境川左岸地域の湖岸よりにあたる草津市芦浦《あしうら》周辺においても、五世紀中頃から六世紀にかけて径三六mの円墳一基と二〇m以上の円墳が二基確認されており、芦浦氏との関連が想定される。

飛鳥時代

飛鳥時代は寺院が各郷それぞれの地域で造られる。物部郷では、治田郷との境付近にあたる中ノ井川右岸の蜂屋《はちや》廃寺、物部郷南西端の治田郷との境に小平井《こびらい》廃寺、治田郷のほぼ中心にあたる中ノ井川左岸では仮称下鈎東廃寺が造営され、これら三つの寺が衰退してくる頃、岡遺跡の登場する七世紀末頃に、治田郷に所在する手原廃寺が郡寺として地域の中心寺院になった可能性がある。

また草津川の左岸（狼川右岸）にあたる南笠古墳群の存在した付近には笠寺廃寺が造営されている。笠寺廃寺から出土している素弁系の軒丸瓦は小平井廃寺の瓦と同范で、笠氏が物部氏と密接につながっていたことがうかがえる。さらに笠氏との関連がある旧笠縫村にあたる上笠、下笠の地名が残る草津川左岸にあたる湖岸寄りには、白鳳寺院（下之笠堂跡遺跡、上之笠堂跡遺跡）が造営される。

また前述の芦浦氏との関連が強い地域である境川左岸の芦浦周辺は、古代寺院（観音堂《かんのんどう》廃寺、花摘《はなつみ》寺《でら》廃寺、片岡《かたおか》廃寺、宝光寺《ほうこうじ》跡など）が近接した場所に集中して造営される特殊な地域で、琵琶湖対岸に存在する大津宮との関連が指摘されている。

このほか勢多郷では東光寺《とうこうじ》廃寺、谷上郷では石居《いしずえ》廃寺が造営されている。

いっぽう豪族居館もしくは官衙的要素のある遺跡としては、まず中ノ井川右岸の物部郷旧大宝村

中ノ井川
◬ 官衙関連遺跡（豪族居館など）
○ ７世紀中心官衙
△ ８世紀中心官衙
× 製鉄・鋳造遺跡
▲ 窯跡
卍 寺院
⛩ 神社
1．蜂屋廃寺 卍
2．小平井廃寺 卍
3．下鈎東廃寺（仮称） 卍
4．手原廃寺 卍
5．十里（栗太評） ◬○
6．野尻・蜂屋 ◬○
7．手原（官衙） △
8．岡（栗太郡衙） △
9．大将軍 △
10. 岡田追分 △
11. 矢倉口 △
12. 近江国庁 △
13. 笠寺廃寺 卍
14. 下ノ笠堂 卍
15. 上ノ笠堂 卍
16. 芦浦観音寺 卍
17. 花摘寺廃寺 卍
18. 観音堂廃寺 卍
19. 片岡廃寺 卍
20. 宝光寺跡 卍
21. 石居廃寺 卍
22. 東光寺跡 卍
23. 狛坂寺跡 卍
24. 黒土 ▲
25. 榊差 ▲
26. 野路小野山 ×
27. 観音堂 ▲×
28. 木瓜原 ▲×
29. 三ツ池 ▲
30. 笠山 ▲
31. 山ノ神 ▲
32. 源内峠 ×
33. 平津池の下 ×
34. 山田窯 ▲
35. 辻越窯 ▲
36. 谷出窯 ▲
37. 五百井神社 ⛩
38. 小槻大社 ⛩
39. 小槻神社 ⛩
40. 高野神社 ⛩
41. 印岐志呂神社 ⛩
42. 大宝神社 ⛩
43. 治田神社 ⛩
44. 建部大社 ⛩
〈　〉氏族名　　郷の範囲

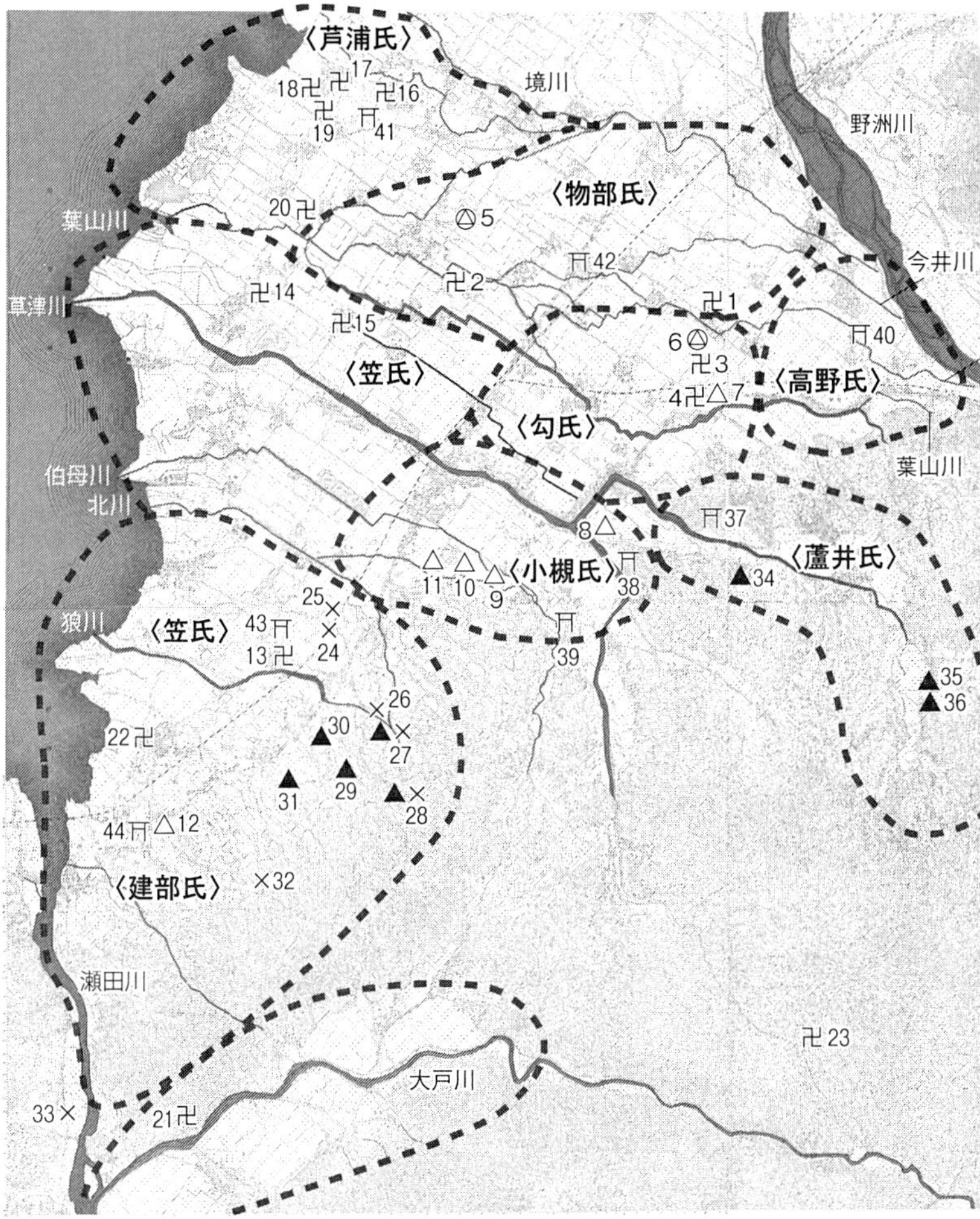

図２　飛鳥～平安時代の氏族名と村名

にあたる十里《じゅうり》遺跡の溝から、「乙酉年四月一日召□大夫 勾連渚□謀賜 即下」と書かれた木簡（写真1）が出土し、治田郷領域の旧治田村にある下鈎や上鈎の地名と「勾連」との関連がうかがえ、乙酉年（六八五年）の年号から、勾氏の存在が七世紀後半までさかのぼれることが判明した。勾氏の存在によって、治田郷＝小槻氏の勢力範囲という考え方に再検討を必要とすることとなった。

十里遺跡は、木簡が出土した溝を利用した区画が存在し、区画内に総柱の特殊な建物が二時期にわたって形成され、豪族居館の祭祀施設である可能性や、木簡の内容から近江国の出先機関である可能性が指摘されている。岡遺跡が登場する以前は、十里遺跡と小平井廃寺の周辺が栗太の中心であった可能性が高い。十里遺跡を栗太評衙、小平井廃寺を栗太寺とする考え方である。

写真1　十里遺跡出土木簡

また前述の下鈎東廃寺や蜂屋廃寺周辺には、一九八八年度調査で確認された豪族居館と推定される溝と柵によって区画（約五〇m×四〇m）された建物や、馬屋の可能性が推定されている建物や池状遺構なども確認されており、栗太評衙の関連施設が物部郷と治田郷の接する中ノ井川流域の付近に存在していたのであろう。大津宮が存在した時期から藤原京期までは、物部氏と勾氏の勢力が中心になっていた様子がうかがえる。

笠氏の勢力範囲にある草津川左岸では、黒土遺跡や榊差遺跡などの生産遺跡が登場し、周囲の丘陵には木瓜原《ぼけわら》遺跡に代表される製鉄関連の遺跡や、山ノ神《やまのかみ》遺跡、笠山遺跡などの須恵器生産遺跡がみられるようになる。この領域を支配していたのが小槻氏と笠氏であった可能性が高い。

いっぽう、壬申の乱とのかかわりで欠かせない人物として蘆井造鯨《いおいのみやつこくじら》が存在した。近江朝廷を支えた人物であるが、大海人皇子《おおあまのおうじ》軍に敗れて衰退したと思われる。治田郷旧治田村の下戸山（安養寺山南裾）にある五百井《いおのい》神社は蘆井氏の氏神であり、治田郷周辺に勢力をもった豪族の一人としてあげられるが本拠地は不明である。隣接する上砥山《かみとやま》遺跡や周辺に存在する須恵器窯（山田窯）との関連、また金勝《こんぜ》川を挟んで対岸に拠点をもつ小槻氏との関連も今後注目される。拠点場所の候補として、郷の推定場所に含まれていない旧金勝村との関連も視野に入れておくべきで、蘆井氏の衰退をきっかけに小槻氏が金勝を含む山の資源を手に入れたとする理解も考慮しておきたい。

奈良時代

奈良時代においては、小槻氏の勢力範囲とされる栗太郡衙を中心に、草津川を挟んで右岸に治田郷の領域である手原遺跡群と、左岸に梨原郷領域の大将軍遺跡をはじめ岡田追分遺跡や矢倉口遺跡などが配置し、製鉄遺跡としては野路小野山遺跡が新たな中心遺跡として活動する。それぞれの機能を分担し郡衙の出先機関として地域の中心となって運営していたことが推測さる。

奈良時代の後半になると、街道の整備にともない東海道に接する治田郷領域の手原遺跡が官衙の要素を拡大してくる。多数の倉庫群が造られ、岡遺跡のような政庁と推定される大型建物も確認されている。当初は郡衙の出先機関として成立していたが、街道の整備にともない八世紀後半には、岡遺跡にかわって郡衙の主な機能が移ったとも考えられている。手原遺跡からまとまって出土している「山」の墨書土器は、山の資源を管理していた小槻山君を表しているものと理解し、小槻氏が手原遺跡の運営に大きく関係していたことを示している。

まとめ

古墳時代前期の三世紀~四世紀前半においては、物部氏、勾氏、小槻氏の三大勢力はさほど差はなく、四世紀後半以降、各氏族の勢力が結集され、野洲川流域一帯の勢力を栗太郡がリードしていた時期がしばらく続いていたが、五世紀後半以降、栗太郡の勢力が分散していったことが、栗太郡から野洲郡に勢力圏が移動した要因のひとつとして考えられる。笠氏や高野氏の新しい勢力が登場し、琵琶湖に近い木川や芦浦周辺の勢力も進出している。

その後六世紀後半になると、琵琶湖に比較的近い境川流域の守山市三宅《みやけ》付近に芦浦屯倉《あしうらのみやけ》が成立し、以降飛鳥時代になってから物部氏、勾氏が再び勢力を強めていったことが、十里遺跡と小平井《こびらい》廃寺の存在から推測できる。

その後、栗太郡の郡司として知られる小槻氏は「山君」といわれているように、その勢力は山の資源を武器に生産部門を得意として勢力を拡大し、湖岸を中心に勢力を広めた笠氏との関係を強くし、勾氏、蘆井氏の勢力範囲を吸収し郡司にふさわしい地位を築きあげていったに違いない。

参考文献

（1）『草津市史』第一巻　草津市役所　一九八一年
（2）『栗東の歴史』第一巻（古代・中世編）栗東町史編さん委員会　一九九四年
（3）雨森智美「滋賀県手原遺跡と古代の地方官衙」『近江歴史・考古論集』畑中誠治教授退官記念論集　滋賀大学教育学部　一九九六年
（4）藤井朗「近江の古代寺院の出現とその背景」『古代寺院の出現とその背景』第四二回埋蔵文化財研究集会発表要旨・資料　香芝市二上山博物館・埋蔵文化財研究会　一九九七年
（5）近藤広「古墳の計画的配置と首長権の移動」『滋賀考古』第十八号　滋賀考古学研究会　一九九七年
（6）大橋信弥「滋賀県栗東市十里遺跡出土の天武朝木簡について」『紀要第一〇号』滋賀県立安土城考古博物館二〇〇二年
（7）佐伯英樹「栗太評衙と栗太寺」『考古学論究―小笠原好彦先生退任記念論集―』小笠原好彦先生退任記念論集刊行会　二〇〇七年
（8）近藤広「手原遺跡と周辺遺跡の評価」『手原遺跡発掘調査報告書』栗東市文化財調査報告書第二十二冊　栗東市教育委員会・財団法人栗東市文化体育振興事業団　二〇一〇年
（9）岡田雅人、福田由美子、田中雪樹野、花田勝広『榊差遺跡・榊差古墳群・黒土遺跡・南笠古墳群発

掘調査報告書』草津市教育委員会　二〇二二年

紙上報告

地山古墳と栗太郡衙

公益財団法人栗東市スポーツ協会　佐伯英樹

はじめに

岡遺跡内の地山《じやま》古墳と栗太郡衙は下戸山《しもとやま》の丘陵地から張り出す舌状《ぜつじょう》の丘陵地先端部を選地している。丘陵麓の平地との標高差は約六mあり、広く平野部から琵琶湖までを見渡せる高燥の地に位置している。また、北に金勝《こんぜ》川、南には草津川が平野部へ流れ出る両水系の根元を抑え、眼下には東海道《とうかいどう》が走り東山道《とうさんどう》との分岐点にも近い交通の要衝ともなっている。

下戸山丘陵には全長一〇五mの前方後円墳である北谷《きただに》11号墳、直径五二mの下戸山古墳（前方部未確認）の二基の四世紀代の首長墓があり、式内社の小槻《おつき》大社が鎮座する。小槻大社境内を中心に一九基以上の古墳が分布するのが小槻大社古墳群で、最大規模の1号墳は墳丘形状不明で直径二五m以上、高さ三m。その他の古墳は一〇～一四mほどの小規模な方墳または円墳で、石室盗掘の陥没や石材の露出はみられないことから木棺直葬墳と考えられる。境内地から小谷を隔てた地点で唯一発掘調査された10号墳は、五世紀後半に築造された方墳で、規模は一五・五×一三・五m、周溝は幅三～三・五、深さ一m。主体部は南北に主軸をとる五・五×三・二m、深さ〇・五mの長方形墓坑に二基の並列する割竹型木棺が納められていた。副葬品は東棺から鉄剣一振り、西棺から漆《うるし》塗り竪櫛《たてぐし》一点が出土した。また、周溝内からは二〇cmの黒色土が堆積した後に置かれた須恵器の壺と、破砕された状態で須恵器の角杯が出土している。

地山古墳

地山古墳は、調査前は直径五六mの円墳とされていたが、畦畔《けいはん》や地籍図の検討から前方後円墳の可能性があった。一九九〇年度の圃場《ほじょう》整備にともなう古墳周囲の発掘調査により、削平《さくへい》された前方部と埋没した周濠を検出し、帆立貝形の前方後円墳と確認された。その規模は、墳丘全長九〇m、後円部直径六八m、高さ六m。前方部は、長さ二二m、幅三七mを測る。地山古墳は、北東一・五kmに所在する中期古墳では県下最大規模である椿山《つばきやま》古墳（一〇〇m）に次ぐ大型古墳で、その形態や墳丘主軸方位等が類似している。

写真１　地山古墳　Ｔ10後円部周濠の調査

写真２　地山古墳の現地説明会

周濠の規模と埋没過程

周濠の幅は一三～一五m、深さは二・八m。周濠内の葺石面には墳丘から転落した円筒形埴輪、家形埴輪が出土。すべて軟質で黒斑をもつ五世紀前半代のものである。周濠は後円部の二か所で底部まで掘り下げたが、出土遺物は埴輪以外はなく、下層粘土から一六世紀後半の瀬戸美濃の灰釉《かいゆう》折縁皿《おりふちざら》が一点出土したのみである。周濠の堆積土を観察すると、後円部では、深さ二・六mの底部から、層厚一・二mまで粘土が堆積していて、その上層一・四mはシルト（粒子が砂と粘土の中間ぐらいの土）と砂が一七層の互層で堆積していた。この状況は、近世初頭の段階では周濠の中位までの埋没であったのが、それ以降、砂とシルトが重なり合って急速に埋没していく様子を示していて、その原因は、岡遺跡・地山古墳の平野側三方を取り囲むように形成された金勝川と草津川の両天井川にあるものと思われる。

地山古墳は標高の高い丘陵地の先端近くに築かれているため、本来は河川氾濫の洪水砂の影響は受けることはないが、天井川の形成により堤防が決壊するたびに洪水砂が繰り返し堆積して埋没したことがわかる。

ところで、地山古墳の北東約六〇mには、墳丘直径一八・五m、周溝幅三m、深さ五五㎝の円墳である地山4号墳があるが、その周溝からは土馬《どば》のほか、円面硯《えんめんけん》・把手《とって》付き中空円面硯を含む八世

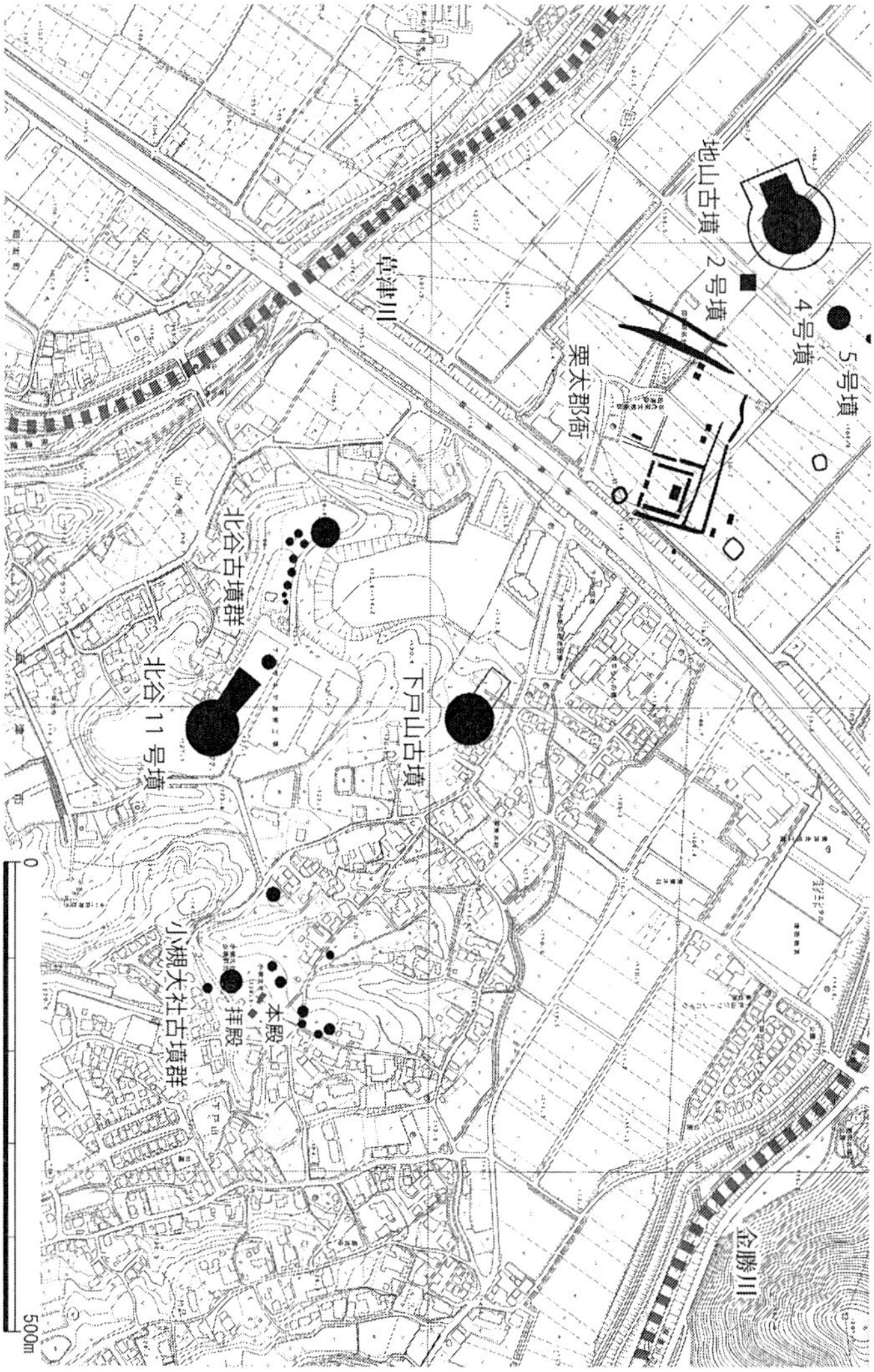

図1　地山古墳と周辺遺跡

紀代の須恵器・土師器《はじき》が多量に出土した。

そして九世紀には埋没し、掘立柱建物が建てられていた。ここで注目されるのは、4号墳の周溝が八世紀代には土器などの廃棄場になっていたのに対し、地山古墳の周濠には土器類の廃棄がなされなかったことである。この事実は、地山古墳が先祖の墓として神聖視され管理されていたことを物語る。また、郡衙廃絶後近世に埋没するまでは用水池としての役割を果したのであろう。

地山古墳と小槻山君

下戸山の丘陵上に築かれた四世紀から五世紀にかけての首長墓である北谷11号墳、下戸山古墳、地山古墳の被葬者は、在地の有力豪族である小槻山君という指摘は本篇でも論じられているとおりである。少なくとも古墳に葬られた首長に何らかの関係や系譜を持ち、古墳祭祀により自らの正統性を主張したに違いない。そして小槻氏の祖於知別命《おちわけのみこと》（落別命）を祭神としている小槻大社の存在も重要である。共同体の長の祖先神を祀る小槻大社は共同体の精神的結合点として機能した。

現在、小槻大社へ参拝する参道のゆるやかな登坂を南東方向へと進み、鳥居をくぐり階段を登り手水舎《ちょうずや》で身を清めると眼前には拝殿と室町期に造営された重要文化財の美しい本殿が現れる。そして進んできた参道とは真逆方向の、北西方向に並ぶ拝殿から本殿をお参りする。この社殿の不思議な配置には実は意味があり、地図上で見ると、小槻大社拝殿・本殿、下戸山古墳、郡衙正庁正面、地山2号墳、地山古墳が一直線上に配置されていることに気づく。

小槻大社から張り出し、地山古墳で終わる同一丘陵尾根上を選地しているとはいえ、これは計画的配置であり、直線ラインを意識したかは実証できないが、神社―古墳―郡衙のつながりは、地域支配の拠点として、政治、祭祀の場が連続的に機能していたことをうかがわせるものである。

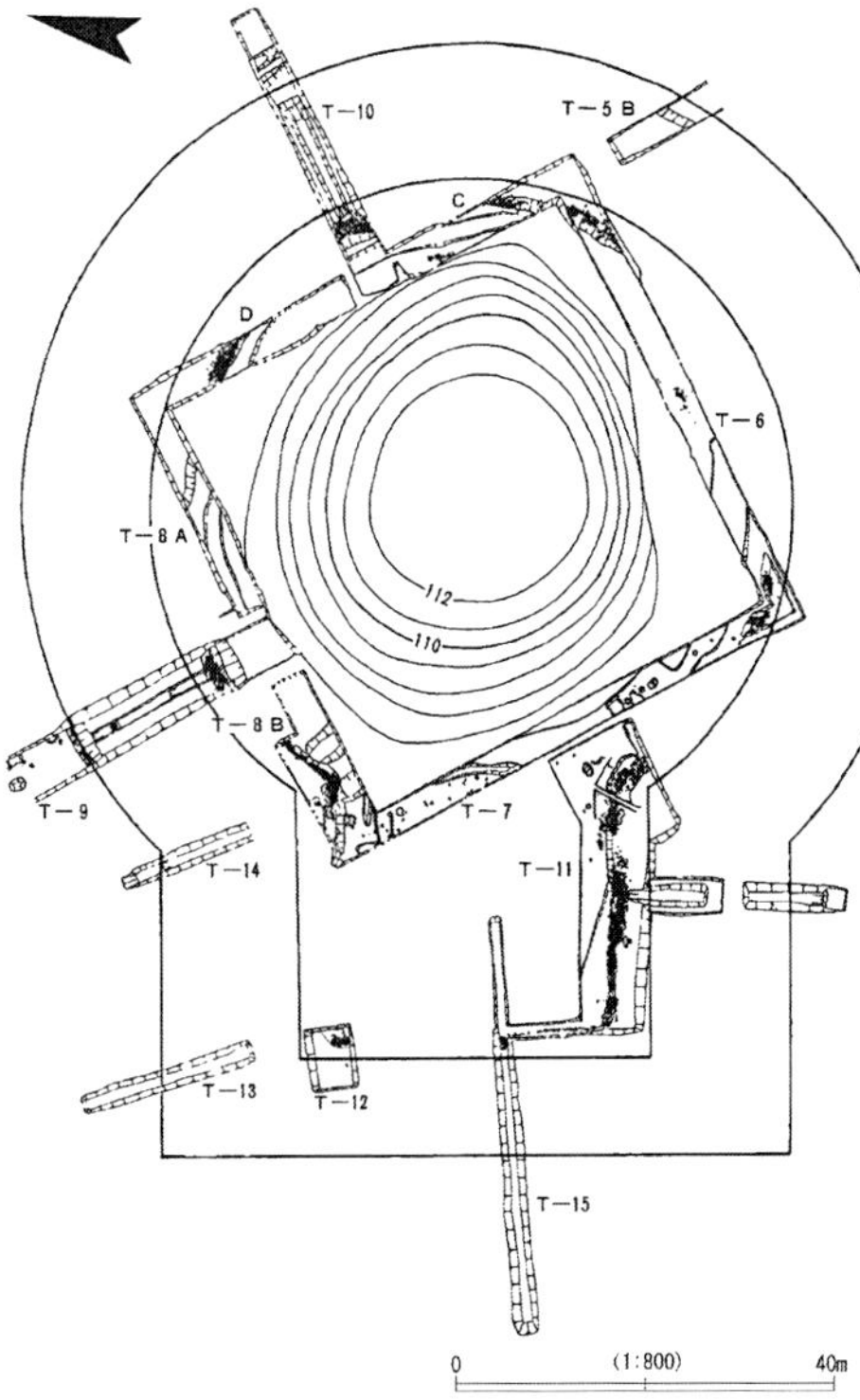

図2　地山古墳平面図

参考文献

佐伯英樹「第3章　地山古墳」『栗東町埋蔵文化財調査1990年　年報』㈶栗東町文化体育振興事業団　一九九二年
佐伯英樹「地山古墳の再検討」『古文化論叢—伊達先生古稀記念論集—』一九九七年
山田安彦『古代の方位信仰と地域計画』古今書院一九八六年

討論（質疑応答）

岡遺跡の価値と今後の展望

パネラー

滋賀大学名誉教授　小笠原好彦

元滋賀県立安土城考古博物館学芸課長　大橋信弥

草津市教育委員会　岡田雅人

公益財団法人栗東市スポーツ協会　近藤　広

栗東市教育委員会　雨森智美

司会

公益財団法人栗東市スポーツ協会　佐伯英樹

岡遺跡の地に栗太郡衙が造られたのは、なぜか？

佐伯　本日の討論のポイントとして、岡遺跡が栗太郡衙であることについては一定の理解を得られていますが、栗太郡衙については、検討すべき課題が多く残されています。この場では時間も限られておりますので、どうして栗太郡衙が岡遺跡の地に造られたのか、また、なぜ小槻山君《おつきやまのきみ》が郡司になったのか、ということを中心に検討していきたいと思っております。

まず栗東一筋で発掘調査をされてきた、今年度で定年退職をする近藤さんが先生方に聞きたいことがいろいろあるとおっしゃっていたので、最初にお願いできますか。

近藤　はい。まず、岡遺跡の場所について、雨森さんの作成された地図（28ページの図3）を見ていただきますと、ちょうど野洲郡から、近江の国庁までの真ん中にあたる位置に岡遺跡があります。みなさんご存じのとおり、郡ができる以前の古墳時代に焦点をあてますと、小槻氏との関連で、下戸山《しもとやま》や岡、もしくは安養寺山の周辺あたりに栗太郡の首長墓が集中しています。そして、小槻氏との関連で岡遺跡の場所に郡衙が造られました。首長墓が造られた時代は、だいたい四世紀から五世紀が中心ですが、六世紀になると、突然古墳が小槻大社周辺では見られなくなります。ところが、先ほどの岡田さんや先生方のお話に出てきた黒土《くろつち》遺跡や榊差《さかきざし》遺跡がある草津市の南笠周辺には、六世紀前半の前方後円墳が二つ続いて造られています。

この南笠には七世紀になると笠寺廃寺《かさでら》というお寺が造られますが、その前に六世紀の有力古墳が造られ、ここが中心となる時期がきます。また、五世紀の終わりから六世紀については、草津川の左岸に谷遺跡という玉つくりなどをおこなう遺跡などが集中するようになります。小槻大社のあった周辺の遺跡よりも、どちらかと言うと、草津川左岸にあたる遺跡が中心になっていくのです。ここに、どのような変化があったのかということを、疑問に思っています。

また、先ほど小笠原先生の話にありましたように、手原遺跡との関係ですね。手原遺跡は、岡遺跡ができた八世紀前半の段階では、それほど立派な建物はあまりなかったと思いますが、八世紀後半になると、突如、倉庫群などのいろいろな機能を備えた施設がたくさん登場してきます。また草津川の右岸には岡遺跡をはさんで、大将軍《だいしょうぐん》遺跡や岡田追分《おかだおいわけ》遺跡がありました。これも、同じような官衙遺跡ですが、こちらは生産遺跡を中心に登場してきます。

要するに、岡遺跡を中心として、草津川の左岸は生産的な遺跡、右岸は、先ほど小笠原先生の話にありましたように、倉庫群が中心というような、ちょっとおもしろい機能分けだなと感じる遺跡の配置になります。それぞれの地域には氏族がいたわけですが、先ほど大橋先生の話にありましたように、小槻氏や笠氏ですね。笠寺廃寺のある南笠周辺は、笠氏がいました。これらの氏族がどのような関係で、どのような位置付けになっていたのかを、もう少し詳しく先生方にお話ししていただければありがたいと思っております。

佐伯　栗太郡内における有力氏族の動向ですね。まず大橋先生、いかがですか。

大橋　小槻山君は、近藤さんが説明されたように、やはり、四世紀からずっと、安養寺周辺で首長墓が造られていますので、その地域でかなり伝統のある豪族であったと思われます。『古事記《こじき》』にその始祖の系譜を載せるだけの地位を築いていたと考えられます。ただ、古墳の被葬者が誰なのかということは、直接証明できないものですから、安易に結びつけることはできません。それでも、大筋としては、栗太郡内では、小槻山君が古くからの勢力をもつ豪族、後の言葉で言いますと、「譜代重大の家」であると思います。栗太郡南部に南笠古墳群が造られるのは五世紀末ですが、それと関わる集落の西海道《にしかいどう》遺跡が拡大しています。それが白鳳《はくほう》時代の笠寺廃寺の造営へとつながりますが、私はこうした栗太郡南部の勢力を、先ほどお話しした建部君《たけべのきみ》に関わるのでないかと考えています。

建部君は、もともと伊賀の阿保《あほ》村の出身ですが、いつの頃か栗太郡の南部に進出してきたと考えます。ですから、栗太郡では、古墳時代後期以降、北部に対抗する南部の有力な勢力が出現したと思いますが、それでも依然北部の小槻山君のほうが、大きな力を持っていたと考えています。このほか栗太郡には、さまざまな豪族が居住していましたが、限られた史料しか残っていませんので、その実態を明らかにすることは困難です。最近の発掘でみつかった、霊仙《りょうせん》寺《じ》・綣《へそ》遺跡出土の「廣津」墨書土器からは、現在は守山市となっている栗太郡北部で活躍した、物部氏系の渡来人の一端を明らかにする手がかりとなりました。詳しくふれる余裕はありませんので、このあたりにしておきたいと思います。

佐伯　つづいて、小笠原先生お願いします。

小笠原　小槻山君は、安養寺古墳群という、それ以前に築造された古墳の歴史をふまえて、郡司に選出されているということです。少しだけ近江に広げると、蒲生郡では四世紀後半に築造された安土瓢箪山《あづちひょうたんやま》古墳という前方後円墳があり、これは狭狭城山君《ささきのやまのきみ》と推測して間違いありません。この狭狭城山君は奈良時代でも郡司として活躍しています。その後、中世の佐々木氏につながっています。

佐伯　はい、ありがとうございました。古墳群と氏族の関係を、ご説明いただきました。

会場参加者からの質問

佐伯　ここからは会場参加者の皆さんからたくさんの質問が寄せられているので、それらに答えながら、進めたいと思います。

一つ目として、「岡遺跡の東側にあたる名神高速道路の工事では、何も出なかったのですか?」という質問が来ています。名神高速道路の開通が一九六三年（昭和三八）なので、工事は六〇年以上前になります。高速道路の工事では岡遺跡の北東側、安養寺山の麓で古墳がたくさん出てきまして、新開《しんがい》古墳など、いろいろな古墳を発掘調査しました。ですが、残念ながら平地の調査はまだされておりませんでした。ただ、土盛りして道路を造っているので地下には残っていると思います。

質問の二つ目。「郡衙遺跡で、国の史跡になっている遺跡は、何か所ぐらいありますか?」。大橋先生からも岡遺跡をぜひ国の史跡にというお話がありましたが、全国的には、確か三三か所ぐらいが国の史跡になっています。近畿では、三重県四日市《よっかいち》市の久留倍《くるべ》官衙遺跡、京都府城陽《じょうよう》市の正道《しょうどう》官衙遺跡、大阪府高槻《たかつき》市の嶋上《しまがみ》郡衙の三遺跡ぐらいだと思います。

質問の三つ目。「栗太郡衙の地理的位置。金勝川、草津川との関連。水運はなかったのか? 郡衙の回りの水路は、何のためにあったのか? 当時の水田より高いところにあるのは、なぜなのか?」とのことです。古代の水運や道路、東山道との関係でしょうか。雨森さん、お願いします。

雨森 古墳時代から、水運というのは非常に重要だったと思います。金勝川、草津川との水運については、よくわからないですが、とくに物の運搬については、そういったものも使われていたのではないかなと思われます。

次に郡衙の回りの水路についてです。郡衙ではいろいろな建物群が溝で囲まれていたような状況だったのですけれども、それは、郡庁、正倉、館、厨といった建物群の異なる機能を、企画性をもって、きっちり区画して配置しているということです。そのなかには大事なお米を納めている正倉《しょうそう》もあります。正倉が燃えた場合に備えて防火水槽のような役割も果たしていたのではないかとも思います。

郡衙が当時の水田より高いところにあることについてですが、岡遺跡も丘陵端部にあります。役所から平野部の様子を見渡すことができ、平野部からも郡を支配する立派な建物がよく見えることから、郡を治めるのには適したところであったのではないでしょうか。

佐伯 続いては、岡田さんへ、「黒土遺跡の鋳型の材質は何ですか？」、「瀬田丘陵には大規模な製鉄遺跡があったと思うのですが、なぜ黒土の場所に設けられたのでしょうか？」という質問がきています。

岡田 まず、黒土遺跡の鋳型が何で造られているか。基本的に、土、粘土です。鋳型に使いますので、かなり良質な粘土を土取りをして、水簸《すいひ》という精製を経て、最終的には表面にマネと呼ばれた薄い粘土の膜を塗って形を作る必要がありました。この遺跡の周辺で、先ほど言いました笠寺廃寺の、すぐ西側には西海道遺跡という、ちょうど南笠古墳群のすぐ南側に大きく展開する遺跡があります。その西端、琵琶湖側の一帯に、土壙《どこう》群が点々と見つかっている場所があります。おそらくそういったところが土取りで、粘土を取った跡ではないかなと考えています。

また、そこ以外にも北へ行くと、草津市野路《のじ》町にある光泉《こうせん》カトリック中学校・高校の近くに、同じような遺跡があります。同じように穴だけがあって、釣瓶《つるべ》に使えそうな土器の壺だけがコロンと入っているような土壙があります。湧水層まで達していない遺構なので、井戸ではありません。こうしたものが、湖南の瀬田丘陵の裾でも見つかります。

つまり、鋳型だけの問題ではなく、この周辺は製鉄もしましたから、炉も造りました。瓦や須恵器も造りました。そうしたいろいろな器物を作るために必要な土を取る、それに適した土地でもあったのではないかと思います。

佐伯 古代の道路である東山道《とうさんどう》との関係にもついても質問がありました。

岡田 道の問題ですね。雨森さんのこの図面(28ページの図3)がよくわかると思うのですが、国衙から北にまっすぐ行くと瀬田の大萱《おおがや》に達し、ここから東方に曲がれば、ちょうど黒土遺跡に達します。そこからは、東山道が北側へ延びる可能性があります。とくに長岡京以降ですけれども、奈良時代の終わりから、平安時代にかけて、東海道《とうかいどう》が整備、再整備されると思います。一方、矢倉口《やぐらくち》、岡田追分遺跡、大将軍遺跡を結んで、幅二〇mぐらいの切り通し道がずうっと延びており、それが過去の調査で連綿と出てきています。まだ報告されておりませんが、昨年度も同じような道路遺構の一部を矢倉口遺跡で検出しています。
そして、ちょうど大将軍の西手側、山手側から岡の前面の目川《めがわ》のあたりを通って、手原に達する。そういう経路の中で、手原から野洲川に沿って、伊勢方面へ延びる。これが、東海道、後の伊勢道にあたるのではないかと思います。この国衙から手原にかけては、この三〇年のなかで、点々と道と考えられる遺構が確認されています。
ただ、ちょっと難しいのが、野路岡田から、栗太郡の北の方へ延びる東山道のラインは、はたして、足利健亮《あしかがけんりょう》先生が想定されたとおりに続いているものなのかという点です。そうではなく、手原までの間が東山道、東山・東海道であって、手原から分岐して東海道が分かれていくという考え方もできるかと思います。そのへんは、今後の検討課題ではないかと思っております。

佐伯　岡田さんにもう一つお願いします。「草津市黒土遺跡の鋳造物が六〇〇年代末だとおっしゃいましたが、どのように年代を決められたのでしょうか?」という質問が来ています。

岡田　黒土遺跡では化学分析などはまだできていませんが、榊差遺跡の北側のところでは、七世紀末、八世紀初めという年代が放射性炭素年代測定で出ています。また、この鋳込みの跡には溝などがついています。この溝の中などで見つかった廃棄物や、その周辺で工房と考えられるような、掘立柱の建物に関係するような遺物を見たところ、土器型式のなかで、完全に奈良時代に入ってしまう、平城Ⅱという段階よりも新しいものは、ほとんど鋳造に関係するものでは見

写真１　銅印印面（中畑遺跡）

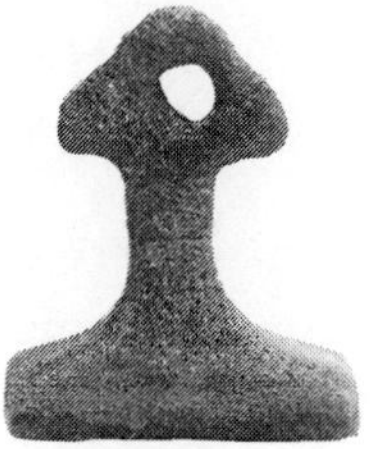

写真２　銅印横から（中畑遺跡）

られません。

また、出土遺物としての須恵器蓋《ふた》と身の型式でみても、飛鳥時代の編年による土器編年のⅣ、Ⅴというようなところが中心となっているため、白鳳時代の終わりから奈良時代初頭という時期を設定しています。

佐伯　土器編年によるということですね。岡田さんが追加資料で示しておられる草津市中畑遺跡の銅印についても少しご説明いただけますか。

岡田　矢倉口遺跡、岡田追分遺跡、大将軍遺跡、そこに東西道があって、それに付随する遺跡群があります。その、すぐ真北の矢倉口から続く丘陵の末端のようなところなのですが、もし、東山道が、野路岡田遺跡からまっすぐ延びていくという形を取ったときに、ちょうどこの遺跡の西端にあたるのです。これは、先ほど言いましたように、弥生時代から始まり、古墳時代から中世まで連綿と続く、この湖南においても中核的な遺跡だと考えています。平安時代の、おそらく九世紀の後半から一〇世紀の段階の落ち込み状の遺構の真ん中から、この銅で造った印鑑が出てきました（写真

1・2)。

印鑑には、郡役所など公の場で使う印鑑と、庶民ではないそれなりの地位の個人が使用する私印、私の印があります。出土した印は大きさでいうと、私印にあたるものかと思います。印に刻まれた文字の読み方自体も、さまざまな議論はありますが、このような、印が出てきたのは滋賀県下で八例ほどしかありません。このような印を持つことができるような氏族もしくは人物が、この時代に矢倉口から大将軍にかけての遺跡群を管理していた可能性を示す資料として大変貴重であろうと考えています。

佐伯　この銅印の文字については、大橋先生が新聞でもコメントなさっていたと思いますので、簡単にご説明いただけますか。

大橋　なかなか難しくて、読めなかったのですが、その時には、仮に「永」と釈読しました。「ながか」か「えい」と考えたのですが、岡田さんの指摘のように、「介」と読むのも一案かなと思います。国司の四等官の「守介掾目」の「介《すけ》」ですね。かなり似ていますので、いいのではないかと思います。国司の次官の「介」とすると、印鑑所持者の官職名を示すもの言えるでしょう。あるいは名前の一部と考えるなら、私印ということになります。さらにこの印鑑の役割を考える必要があると思います。

佐伯　ありがとうございます。もう一つ大橋先生に質問があります。「小槻氏の小槻について、高槻市の槻という漢字と、お月さまの月という漢字の二つがあるのは、なぜですか？」という質問です。

大橋　やまと言葉を、どの漢字で表記するかは、必ずしもこれと決まっていません。たまたま『古事記』は、お月さんの「月」を使い、『日本書紀』は樹木名の「槻《けやき》」を使ったのです。これは、小槻氏だけではなく、古代豪族名一般に、普通にあることです。

佐伯　次は地元の方からです。岡遺跡がある大字岡の小字高井と大張で、耕作をしている方がおられて、大きな石がゴロゴロしているので、今年の春、石拾いをしたら土器の破片があったそうです。少し離れた下戸山にある栗東木材の前の耕作地でも土器片が見つかっています。「下戸山あたりまで岡遺跡周辺に集落が広がっていたと考えられますが?」との質問です。どうでしょうか、雨森さん。

雨森　岡遺跡は、私の報告でのせた図3（28ページ）のとおり、小槻大社のほうから延びる細長い丘陵の先端部一帯に広がっていることが考えられます。小高い部分であったため、高井という字ができたのかもしれません。正殿のあたりをふくめ、官衙の中心部分につきましては、掘ってはいないので、土器は大量に眠っているはずです。ただ、かなり盛土もしておりますので、耕作によって土器が掘り起こされるということは考えにくいです。盛土をした時の客土に土器が含まれていた可能性もあります。

　ただ、岡遺跡一帯には、まだまだわかってないところもたくさんあります。ご来場の方の中には近くにお住まいの方も多いと思いますので、土器を見つけたといった情報がありましたら、どんどん教育委員会までお寄せいただければと思いますので、よろしくお願いいたします。

大橋　今の件と関係して、「郡司の家はどこにあったか」を文献から調べるために、私は『太神宮諸《だいじんぐうしょ》雑事記《ぞうじき》』の記載を検討し、その中で「治田郷」にあったことを述べました。小槻大社は、郡司である小槻山君の氏神ですので、その家も近くにあったのではないでしょうか。今話題になりました「字高井」あたりに、「栗太郡の貫首之家」＝郡司の家があったとしても不思議ではありません。今後調査が進めば、新しい知見が得られるのではないかと期待しております。

岡遺跡の今後の展望と課題

佐伯　質問に答えるばかりで、なかなか討論に入れないのですが、本日の講演などをまとめてみましょう。

まず、古墳時代から、岡遺跡の周辺というか、同一丘陵には、北谷11号墳、下戸山古墳、地山古墳という四世紀から五世紀の首長墓が存在しています。

郡衙の立地については、小槻大社側から延びる丘陵地の先端の高いところに置かれているということ。そこは遠いところからも、視覚的に認識できる場所にあたる。

交通路については、官道の東山道と、奈良時代の前後に東海道であった幹道の分岐点に近い交通の要衝にあたる。

幹道沿いには、小笠原先生がおっしゃっていた第二の正倉だと思われる手原遺跡や手原廃寺が置かれている。

栗太郡は、鉄の一大生産地であって、山林資源を管理監督する山君《やまのきみ》というカバネを持つ小槻氏が深く関わっていただろう。

小槻氏は天皇家から出た氏族として、公認されていて、『古事記』にも記載されている有力な豪族で、栗太郡の郡司で大領であった。

小槻大社の祭神は、小槻氏の先祖である垂仁《すいにん》天皇の皇子の落別命《おちわけのみこと》になっている。

以上をまとめると、郡衙という地域支配の装置の要素として、郡衙と神社と寺院、そして交通路が有機的に機能していたことがわかります。さらに古墳による祖先祭祀《さいし》が、小槻氏の伝統的豪族としての歴史的正当性を証明するものとしても重要だったのでないかと思われます。政治、経済、信仰、祭祀の場が、連続的に機能している岡遺跡の地に、地域支配の拠点としての郡衙が造られたという結果が導き出されたのかなと思います。

時間もなくなってきましたので、最後に会場参加者からの質問です。「岡遺跡は三五年前に発見されて大きな話題になり、学史的にも重要な遺跡ということがわかりました。なぜ史跡になっていないのでしょうか?」とのことです。この質問にお答えするかたちで、岡遺跡の今後の展望というか、課題を、皆様に語っていただければと思います。

では、近藤さんからお願いします。

近藤　岡遺跡というのは、やはり栗東市の中で歴史を古墳時代から眺める際に重要な拠点になるのではないかと思います。小槻大社や地山古墳、下戸山、安養寺周辺も含めて、歴史公園、ハイキングコースのような形で整備されれば、皆さんに歴史を知ってもらえる場になるだろうと思います。

岡田　私も同じことのくり返しになりますが、岡遺跡は古墳時代から現代にまでつながっている非常に重要な遺跡ですので、史跡となる方向に進んでいるのであれば、ぜひともお願いしたいと思います。

小笠原　実は、私は栗東市の文化財審議委員の一人です。ということで、栗太郡衙の岡遺跡が史跡になっていないことに、責任のようなものを感じています。一九八六・八七年に岡遺跡で栗太郡衙が見つかりました。そのころの栗東市は新幹線の新駅設置に行政が向いており、岡遺跡を国指定史跡にすることにエネルギーを注ぐ余裕がありませんでした。

しかし、現在は手原駅から栗太郡衙に至る道の整備が可能な状況となっており、史跡整備をすれば、栗東市の発展に大きく寄与すると思います。それには、まず地権者の了解を得る必要があります。近くにある栗東市出土文化財センターは展示施設でもありますので、ぜひ、栗東市の行政関係者の方には岡遺跡の価値をご理解いただき、誰もが見て理解できる内容のものになるように進めてほしいと思っています。

大橋　私が滋賀県に来たときには、湖南地域担当ということで、そのころ、栗東では、専門の職員が置かれておらず、何かとお呼びが掛かってうかがっていたことを思い出します。周辺地域で言えば、守山市では下之郷《しものごう》遺跡と伊勢《いせ》遺跡、野洲市では永原御殿《ながはらごてん》などが史跡として整備が進んでいます。栗東市でも岡遺跡が史跡となり、地元の皆さんに活用される方向に進めていただければありがたいと思います。

雨森　栗東市では文化財保存活用地域活用計画を作成しています。そのなかでも、この栗太郡衙の詳細な調査は、保存活用の重要な措置として位置づけておりますので、今後、これをきっかけに、前に進んで行けたらと思っております。みなさん、どうぞご協力をよろしくお願いいたします。

佐伯　先生方、本日は本当にありがとうございました。また、参加者の皆様、シンポジウムにお越しくださり、感謝申し上げます。それでは、司会を返します。

進行　先生方、ありがとうございました。それでは、シンポジウム終了にあたりまして、栗東市教育委員会教育部長の川﨑武徳《かわさきたけのり》からご挨拶させていただきます。よろしくお願いします。

教育部長　教育委員会の川﨑と申します。本日は長時間にわたり、ありがとうございました。また、小笠原先生、大橋先生、岡田様には、御多忙のなか、お越しいただきまして、岡遺跡につきましてお話をいただきました。大変感謝申し上げます。ありがとうございました。

さて、三五年前に調査されました、この岡遺跡でございますが、草津市を始めまして、全国各地の調査成果もふまえ、さらに、価値のほうが深まっているのかなというのが、今日の話で認識させていただきました。これにつきましても、地域のみなさまのご協力のもとに、保存されてきたということが、大きいと思っております。また、この三五年間の間に、栗東市に新たにお住まいになった方々もおられますと思いますし、このようなすばらしい文化財があることを知っていただけたのではないでしょうか。市外からも、今日は、多くの方々がお越しいただいていると思いますが、岡遺跡をより知っていただくために、遺跡や栗東歴史民俗博物館などへも訪れていただければと思っております。

当教育委員会としましても、先ほどからのご指摘にもありましたように、今後とも、栗東市の文化財の価値を発信していくために、こういった事業を継続的に実施していきたいと考えてございますので、今後とも、本市の文化財行政にご支援ご協力を賜りますことをお願い申し上げまして、閉会のご挨拶とさせていただきます。本日はどうもありがとうございました。

図・写真出典

雨森智美「報告　岡遺跡発掘三五年」
写真1　国土地理院ウェブサイト（1947年米軍撮影を加工）
写真2～6、8～14　栗東市教育委員会
写真7　雨森撮影
図1　栗東市教育委員会・財団法人栗東市文化体育振興事業団『岡遺跡発掘調査報告書』1990年
図2　栗東市教育委員会提供

小笠原好彦「講演1　古代の郡衙遺跡とその性格」
図1　雨森智美『郡衙』文化財教室シリーズ　1987年
図2～4　条里制・古代都市研究会編『日本古代の郡衙遺跡』2009年
図5　栗東市教育委員会・財団法人栗東市文化体育振興事業団『岡遺跡発掘調査報告書』1990年
図6　安芸市立歴史民俗資料館提供
写真1　栗東市教育委員会提供

岡田雅人「報告　滋賀県草津市黒土遺跡の鋳造関連遺構群について」
写真1～7、図1～4　草津市教育委員会『草津市文化財調査報告書134　榊差遺跡・榊差古墳群・黒土遺跡・南笠古墳群発掘調査報告書』2022年

図5　独立行政法人奈良文化財研究所『川原寺寺域北限の調査　飛鳥藤原第119-5次発掘調査報告』２００４年

内田保之「紙上報告　古代栗太郡の官道」
写真１　滋賀県提供

大橋信弥「講演２　栗太郡の郡司と古代豪族」
写真１、２　栗東市教育委員会提供

近藤広「紙上報告　栗太郡の氏族とその勢力範囲・郷との関連」
写真１　栗東市教育委員会提供

佐伯英樹「紙上報告　地山古墳と栗太郡衙」
写真１、２　栗東市教育委員会提供
図２　栗東市教育委員会提供

「討論（質疑応答）　岡遺跡の価値と今後の展望」
写真１、２　草津市教育委員会提供

協力機関

安芸市立歴史民俗資料館
草津市教育委員会
公益財団法人滋賀県文化財保護協会
滋賀県
栗東歴史民俗博物館

協力者

（五十音順、敬称略）

宇野日出生
櫻井信也
仙頭由香利
栗東市ボランティア観光ガイド協会

編集

雨森智美
佐伯英樹

執筆者略歴

小笠原 好彦（おがさわら よしひこ）

滋賀大学名誉教授　1941年生

著書：『古代近江の三都』サンライズ出版、2021年

『古代宮都と地方官衙の造営』吉川弘文館、2022年

大橋 信弥（おおはし のぶや）

元滋賀県立安土城考古博物館学芸課長　1945年生

著書：『阿倍氏の研究』雄山閣、2017年

『古代の地域支配と渡来人』吉川弘文館、2019年

岡田 雅人（おかだ まさと）　草津市教育委員会

内田 保之（うちだ やすゆき）　公益財団法人滋賀県文化財保護協会

近藤 　広（こんどう ひろむ）　公益財団法人栗東市スポーツ協会

佐伯 英樹（さえき えいじゅ）　公益財団法人栗東市スポーツ協会

雨森 智美（あめのもり さとみ）　栗東市教育委員会

古代の郡役所と豪族　栗太郡衙岡遺跡発掘35年

2023年３月31日　初版１刷発行

編　集　栗東市教育委員会
　　　　(公財)栗東市スポーツ協会

発行者　岩根順子

発行所　サンライズ出版

〒522-0004　滋賀県彦根市鳥居本町655-1
TEL 0749-22-0627　FAX 0749-23-7720

Printed in Japan　　　ISBN978-4-88325-791-1